말씀과 함께 회개하는 실용적 가이드
말씀 소리, 회개를 폭발시키다

박예영 지음

말씀과 함께 회개하는 실용적 가이드

말씀 소리, 회개를 폭발시키다

박예영 지음

예찬사

프롤로그

　마지막 이 시대는 회개가 꼭 필요합니다. 그리스도인들이 머리로 아는 지식적 말씀은 많지만, 성령께서 레마로 주시는 말씀이 부족하여 영혼들이 기갈들려 죽어가고 있습니다.
　눈부시게 발달한 많은 지식과 정보가 생명을 살려주지 못합니다. 죽은 지식은 아무 유익이 없으며, 오직 성경적 진리, 생명력 있는 말씀만이 영혼을 살리고 죄와 마귀의 속박에서 자유를 줍니다.
　저같이 부족한 자가 진리의 말씀을 경험한 것을 책으로 출간한다는 것은 하나님이 살아 계시다는 것을 보여주는 것입니다. 저는 제 힘으로 영적인 감옥에서 빠져나올 수 없고 제힘으로 책을 쓸 수 없는 사람입니다. 그러나 저는 연약하고 부족하지만 무한한 능력을 가지신 성령 하나님은 모든 것을 다 하시는 분이십니다.
　주님의 은혜로 지난 30년을 넘게 세상과 구별된 삶을 살면서 오직 성경 한 권만 붙잡고 살아왔습니다. 제 영혼이 살기 위해서 날마다 성경을 소리 내어 읽었고 수많은 영적 체험을 했습니다. 특히 7년 전부터는 말씀을 소리 내어 읽는 가운데 회개 당하는 은혜를 깊이 경험했습니다. 지금도 그 방법으로 날마다 자아를 죽이는 회개의 은혜를 누리며, 회개에 합당한 열매를 맺고 있습니다.

　이제 주님께서 제게 주신 은혜를 믿음의 형제자매들과 나누라고 말씀하십니다. 예수님의 재림이 멀지 않았고, 우리는 철저한 회개로 준비해야 합니다.

　그러나 회개는 우리의 결심이나 노력으로만 되지 않습니다. 성령님께서 은혜를 주셔야만 가능합니다. 진리의 성령님께서 역사하시는 방법 가운데 하나가 바로 말씀을 소리 내어 읽는 것입니다. 이 길을 따를 때, 사랑하는 여러분도 반드시 회개 당하는 은혜를 경험하게 될 것입니다.

　그러므로 이 책의 부족함을 보지 마시고, 성령의 감동에 귀 기울여 주시기를 바랍니다. 이 책이 전하는 진솔한 메시지를 통해, 여러분 또한 말씀을 소리 내어 읽는 가운데 회개 당하는 은혜를 누리시기를 주 예수 그리스도의 이름으로 축복합니다.

박예영 목사

차례

프롤로그 • 3

제1부. 말씀 안에서 깨어나야 산다

1. 성령님의 구원과 성화 사역 • 13
   ① 회개시키시는 성령님 • 14
   ② 성도의 보호와 인도하시는 성령님 • 15
   ③ 믿을 때 속죄 은혜를 베푸시는 성령님 • 16
   ④ 심판에 대하여 세상을 책망하시는 성령님 • 18
   ⑤ 새 언약과 친밀한 교제를 이루시는 성령님 • 20
   ⑥ 성령님의 중보, 은사, 열매, 충만 • 22

2. 말씀을 소리 내어 읽어야 하는 이유 • 25
   ① 말씀에는 생명력이 있다 • 27
   ② 말씀 묵상의 본질 • 28
   ③ 말씀(읊조림)과 삶의 열매 • 30
   ④ 소리 내는 묵상의 실제 • 35
   ⑤ 영의 감각을 깨우는 말씀 읊조림의 능력 • 36

제2부. 회개와 믿음의 여정

1. 회개의 은혜를 구하라 • 43

　① 회개의 은혜를 받는 실제 • 46

2. 구원의 완성과 믿음의 여정 • 52

　① 회개 작정 기도의 기간과 성경적 의미 • 52

　② 구원의 완성, 그러나 계속되는 여정 • 55

　③ 도중에 포기하지 말고 믿음으로 돌파하라 • 58

3. 그리스도인들이 가장 많이 짓는 죄와 회개의 적용 • 64

　1단계 : 마음과 의지의 죄(내적 중심, 자기중심과 욕망)

　　① 자기중심을 내려놓지 못하는 죄 • 67

　　② 십자가 대신 자기 의를 세우는 죄 • 68

　　③ 목에 힘주고 자존심만 내세우는 죄 • 70

　　④ 탐심과 음란의 죄 • 73

　　⑤ 두려움과 정신적 혼란의 죄와 회복 • 76

　2단계 : 관계와 삶의 죄 (대인, 세상, 물질)

　　⑥ 분노와 미움에 사로잡히는 죄 • 80

　　⑦ 시기와 질투의 죄 • 82

⑧ 뇌물을 주고받는 죄 • 84

⑨ 재물을 하나님보다 더 사랑하는 죄 • 86

⑩ 안목의 정욕(눈으로 짓는 죄) • 88

⑪ 영적·육적 태만의 죄 • 90

3단계 : 영적·신앙적 죄 (형식에 머무는 신앙의 죄)

⑫ 하나님과의 호흡을 끊는 죄 - 영의 생명 회복 • 95

⑬ 악하고 부정적인 말의 죄 - 언어의 생명과 사망 • 97

⑭ 진리를 거부하는 귀의 죄 - 영의 귀 회복 • 100

⑮ 세상적 사고에 묶이는 죄 - 생각의 주권 회복 • 102

4. 묶고 푸는 권세를 사용하라 • 105

① 예수님이 교회에 위임하신 묶고 푸는 권세 • 105

② 사탄의 묶임과 풀림 - 영적 원리와 실제 • 106

③ 적용 포인트 • 111

5. 죄와 결박된 종류들 찾아내기 • 113

(1) 죄와 결박의 원인 • 113

(2) 대표적인 죄와 결박의 영역 • 114

① 생각의 영역 • 114

② 감정의 영역 • 115

③ 의지의 영역 • 117

④ 영의 영역 • 118

(3) 죄와 결박을 찾아내는 방법 • 120

① 말씀의 비춤 (히 4:12) • 120

② 양심의 가책과 찔림 • 121

③ 반복되는 패턴 • 121

④ 열매로 확인(갈 5:19-23) • 123

(4) 회개의 실제 • 123

(5) 권면과 결론 • 125

제3부. 회개로 맺는 열매

1. 회개할 때 나타나는 은혜의 체험 • 129
2. 회개의 은혜와 열매 맺은 저자 간증 • 137
3. 회개 기도문 예시 • 148

　① 말씀 선포 - 말씀의 빛으로 영혼을 비추기 • 148

　② 보혈 의지 - 십자가에서 이미 승리하신 주님 붙들기 • 149

　③ 죄 인정과 고백 - 숨김없이 사실 그대로 • 150

　④ 감사와 찬양 - 회개의 자리에서 예배자로 서기 • 150

　⑤ 돌이킴의 결단과 믿음의 반응 - 실천으로 이어지게 • 151

에필로그(회개에서 열매 맺는 삶으로) • 154

결단 기도문 • 156

1. 회개와 용서하라는 말씀 • 157
2. 내 안에 주님의 임재 확신에 대한 말씀 • 158
3. 내가 그리스도와 함께 십자가에 못 박혀 죽었다는 말씀 • 161
4. 마귀를 대적하라는 말씀 • 162
5. 치유와 건강에 대한 말씀 • 165

1부
말씀 안에서 깨어나야 산다

1. 성령님의 구원과 성화 사역

성령님은 단순한 능력이나 감정이 아닙니다. 성령님은 삼위일체 하나님 가운데 한 위격으로서 완전한 하나님이시며 인격적 존재이십니다. 성령님은 우리를 끝까지 구원의 길로 인도하시고, 보호하시며, 예수님을 닮아가도록 성화의 과정을 이루어 가십니다.

성령님의 사역은 크게 네 가지로 나타납니다. 회개, 보호와 인도, 속죄 은혜의 적용, 심판에 대한 책망입니다. 또한 성령님은 말씀을 생각나게 하십니다.

"보혜사 곧 아버지께서 내 이름으로 보내실 성령 그가 너희에게 모든 것을 가르치고 내가 너희에게 말한 모든 것을 생각나게 하리라"(요 14:26).

"그러나 진리의 성령이 오시면 그가 너희를 모든 진리 가운데로 인도하시리니 그가 스스로 말하지 않고 오직 들은 것을 말하며 장래 일을 너희에게 알리시리라"(요 16:13).

기름 부음을 통해 가르치십니다.

"너희는 주께 받은바 기름 부음이 너희 안에 거하나니 아무도 너희를 가르칠 필요가 없고 오직 그의 기름 부음이 모든 것을 너희에게 가르치며 또 참되고 거짓이 없으니 너희를 가르치신 그대로 주 안에 거하라"(요일 2:27).

성령님은 우리가 일상에서 죄를 이기고 하나님과 동행하도록 이끄십니다.

① 회개시키시는 성령님

예수님은 말씀하셨습니다.

"그가 와서 죄에 대하여, 의에 대하여, 심판에 대하여 세상을 책망하시리라"(요 16:8).

우리는 스스로 죄를 볼 수 없기에, 성령님은 말씀과 양심을 통해 숨겨진 교만, 자기 의(義), 불순종, 위선 등 죄를 드러내십니다. 그 결과 우리는 십자가 앞에서 마음을 낮추고 하나님께 돌아가게 됩니다.

성령님은 또한 우리가 묵상했던 말씀을 생각나게 하십니다(요 14:26 참조). 그 말씀이 우리 마음을 찌르고, 죄를 고백하며 돌이키도록 이끄십니다.

다윗은 밧세바 사건 후 나단 선지자의 책망을 듣고, "내가 여호와께 죄를 범하였노라"(삼하 12:13) 고백하며 회개했습니다. 이것은 성령님이 죄를 깨닫게 하신 사건이었습니다.

말씀을 읽거나 설교를 들을 때 마음이 찔린다면 그것은 성령님의 역사입니다. 변명하지 말고 즉시 죄를 고백하고 돌이키십시오. 그때 마음이 새로워지고 다시 은혜 안에서 살 수 있습니다.

② 성도의 보호와 인도하시는 성령님

성령님은 구원받은 성도를 끝까지 보호하고 인도하십니다.

"너희가 구원의 날까지 인치심을 받았느니라"(엡 4:30).

성령님은 우리가 넘어져도 버려지지 않도록 붙드시고, 말씀과 기도로 다시 세우십니다. 그리고 성화의 과정에서 교만을 꺾고 겸손과 순종으로 훈련시키십니다. 우리는 이 보호와 인도에 믿음으로 반응해야 합니다. 자기 힘으로 버티려 하지 말고 성령님께 맡기고 순종해야 합니다. 넘어졌을 때 낙심하지 말고 말씀을 소리 내어 읽으며 주님께 자백하여 용서받고 다시 일어서야 합니다.

베드로는 예수님을 세 번 부인했지만 버림받지 않았습니다. 부활하신 주님이 찾아오셔서 그를 회복시키셨고(요 21:15-19 참조), 성령 강림 이후 그는 담대히 복음을 전하는 사도로 변화되었습니다.

③ 믿을 때 속죄 은혜를 베푸시는 성령님

속죄의 은혜는 예수 그리스도의 십자가에서 시작되지만, 그 은혜를 우리의 삶 속에 실제로 적용하시는 분은 성령님이십니다. 우리가 예수님을 믿는 바로 그 순간, 성령님은 우리 안에서 역사하시며 죄를 깨끗이 씻기고 새 생명을 부여하십니다.

> "너희 중에 이와 같은 자들이 있더니 주 예수 그리스도의 이름과 우리 하나님의 성령 안에서 씻음과 거룩함과 의롭다 하심을 받았느니라"(고전 6:11).

성령님은 우리의 죄를 깨끗이 씻어 주시고, 우리를 의롭다 선포하시며, 하나님의 자녀로 입양하십니다(롬 8:15 참조).

그 결과 우리는 죄책과 정죄에서 해방되어 양심의 평안을 누리게 됩니다. 그러나 여기에서 멈추지 않고, 우리는 계속해서 이 속죄의 은혜를 믿음으로 붙들어야 합니다.

"그러므로 이제 그리스도 예수 안에 있는 자에게는 결코 정죄함이 없나니"(롬 8:1).

마귀는 여전히 우리를 정죄하려 하지만, 이 말씀을 붙들고 믿음으로 선포해야 합니다.

바울도 교회를 핍박하던 죄인이었지만, 다메섹 도상에서 예수님을 만난 즉시 용서받고 사도로 부르심을 받았습니다(행 9장 참조). 이처럼 하나님의 용서는 우리가 믿을 때 즉시 적용되는 은혜입니다.

혹시 여러분 중에 과거의 죄로 인해 여전히 죄책감에 시달리는 분이 있다면, 이미 용서받았음을 믿음으로 선포하고 감사하십시오. 우리가 "내가 그리스도와 함께 십자가에 못 박혔다"는 사실을 믿고 고백할 때, 성령께서 그 믿는 순간에 속죄의 은혜를 다시 적용하시며 마음에 참된 평안을 주십니다.

하지만 회개 없는 삶에는 속죄의 은혜가 지속적으로 흐르기 어렵습니다. 속죄의 은혜를 날마다 누리기 위해서는 죄를 버리고 돌이키는 회개와, 말씀을 마음에 간직하는 삶이 필요합니다. 꾸준히 믿음으로 반응할 때, 마음 깊은 곳의 탐심도 사라지고 주님만을 사랑하게 됩니다.

말씀을 따라 살 때 그 말씀이 우리 발에 등이 되고, 우리 길에 빛이 되어(시 119:105 참조), 성령께서 우리를 죄와 사망의 법에서 날마다 자유케 하실 것입니다.

④ 심판에 대하여 세상을 책망하시는 성령님

성령님은 또한 세상의 죄와 불의를 드러내고 심판을 선포하십니다. 헬라어 καίσις(크리시스, "판결·심판·정죄")는 사탄과 세상에 대한 하나님의 판결을 뜻합니다.

> "심판에 대하여라 함은 이 세상 임금이 심판을 받았음이라"(요 16:11).

성령님은 세상의 거짓과 그 배후에 있는 사탄의 속임수를 드러내시고, 십자가에서 사탄이 이미 패배했음을 확신시킵니다. 십자가에서 사탄은 이미 패배했습니다. 성령님은 이 승리를 확신시켜 주시고, 세상의 가치관에 굴하지 않고 담대히 거룩을 선택하게 하십니다.

"통치자들과 권세들을 무력화하여 드러내어 구경거리로 삼으시고 십자가로 그들을 이기셨느니라"(골 2:15).

아직 회개하지 않은 사람에게는 심판의 현실을 깨닫게 하시며, 그것이 단순한 공포가 아니라 하나님 나라의 공의와 정의의 회복임을 알게 하십니다.

애굽에 내린 10가지 재앙은 하나님께서 세상의 거짓 신들을 심판하신 사건입니다.

"내가 그 밤에 애굽 땅에 두루 다니며 사람이나 짐승을 막론하고 애굽 땅에 있는 모든 처음 난 것을 다 치고 애굽의 모든 신을 내가 심판하리라. 나는 여호와니라"(출 12:12).

이처럼 성령님은 지금도 세상의 불의와 악을 폭로하시며, 하나님 나라의 공의가 반드시 서리라는 확신을 주십니다.

마지막 시대에 세상의 문화와 가치관이 아무리 강해 보여도 두려워하지 마십시오. 성령님이 우리 안에서 이미 승리를 확증하셨기 때문에 담대히 거룩을 선택하고 빛과 소금으로 살 수 있습니다. 우리는 스스로 선을 행할 능력이 없지만, 믿음으로 반응할 때 우리 안에 계신 예수 그리스도의 영이신 성령님이 죄와 마귀를 넉넉히 이길 수 있는 은혜와 능력을 베푸십니다.

예수님은 "세상에서는 너희가 환난을 당하나 담대하라 내가 세상을 이기었노라."(요 16:33) 하셨고, 요한은 "세상을 이기는 승리는 이것이니 우리의 믿음이라."(요일 5:4)고 선포했습니다. 또한 성경은 "의인은 믿음으로 말미암아 살리라."(롬 1:17)고 말씀합니다. 성령님은 바로 이 믿음을 주시고, 그 믿음으로 살도록 끝까지 우리를 이끄십니다. 결국 성령님은 우리를 성화시켜 아들의 형상으로 회복시켜 주십니다.

⑤ 새 언약과 친밀한 교제를 이루시는 성령님

성령님은 예레미야 31장 33절에서 약속하신 새 언약을 성취하십니다. "내 법을 그들의 속에 두며 그들의 마음에 기록하리라"는 말씀처럼, 성령님은 하나님의 말씀을 단순히 머리로 아는 지식이 아니라, 마음에 새겨져 순종할 힘이 되게 하십니다

> "또 새 영을 너희 속에 두고 새 마음을 너희에게 주되 너희 육신에서 굳은 마음을 제거하고 부드러운 마음을 줄 것이며 또 내 영을 너희 속에 두어 너희로 내 율례를 행하게 하리니 너희가 내 규례를 지켜 행할지라"(겔 36:26-27).

성령님은 새 언약을 우리 마음에 새기시고 순종할 힘과 능력을 주십니다.

성령님은 단지 말씀 묵상 시간에만 역사하지 않으십니다. 우리 안에 들려오는 내적 음성이나 마음의 감동, 꿈과 환상, 제비뽑기, 자연과 사람, 사건과 문제, 심지어 질병이나 몸에 나타나는 현상까지도 하나님의 뜻을 전하는 도구가 되어 주십니다. 이 모든 것은 우연이 아닙니다. 믿음의 눈으로 바라볼 때 우리는 하나님의 메시지를 깨닫고, 그분의 뜻을 분별하게 됩니다. 그리고 그분의 뜻 앞에서 자기중심에서 하나님 중심으로 돌이키는 회개가 일어납니다.

성령님과 친밀히 동행하는 사람은 점점 더 깊은 진리를 깨닫고, 그 진리 안에서 하나님과 연합하게 됩니다. 이것은 단순한 감동이 아니라, 의지와 감정, 삶 전체가 하나님께 속한 상태입니다.

> "내 안에 거하라. 나도 너희 안에 거하리라. 가지가 포도나무에 붙어있지 아니하면 스스로 열매를 맺을 수 없음 같이 너희도 내 안에 있지 아니하면 그러하리라"(요 15:4).

성령님은 하나님을 경외하는 자, 친밀하게 동행하는 자에게 그분의 언약과 뜻을 깊이 깨닫게 하십니다.

"여호와의 친밀하심이 그를 경외하는 자들에게 있음이여 그의 언약을 그들에게 보이시리로다"(시 25:14).

성령님은 진리의 영으로서 우리를 진리로 인도하십니다. 살아있는 진리로 가득 차서 믿음으로 반응할 때 성령의 충만한 상태가 됩니다.

"그러나 진리의 성령이 오시면 그가 너희를 모든 진리 가운데로 인도하시리니 그가 스스로 말하지 않고 오직 들은 것을 말하며 장래 일을 너희에게 알리시리라"(요 16:13).

바울은 "예수 그리스도 안에 지혜와 지식의 모든 보화가 감추어져 있다"(골 2:3)고 증언했습니다. 성령님은 우리가 그 보화를 누리기를 원하십니다. 내가 자아를 내려놓고 예수님의 성품으로 거듭나 그분과 연합된 신부가 될 때 예수님의 모든 것을 공유하게 됩니다.

⑥ 성령님의 중보, 은사, 열매, 충만

성령님은 우리의 연약함을 도우시며 말할 수 없는 탄식으로 기도하십니다(롬 8:26-27 참조). 또한 우리 안에 사랑, 희락, 화평, 오래 참음, 자비, 양선, 충성, 온유, 절제(갈 5:22-23)의 열매와 정직(갈 6:7 참조), 용기(

갈6:10 참조), 겸손(갈 6:14 참조)의 열매를 맺게 하십니다.

성령님은 진리의 영이시기 때문에 말씀(예수님)의 진리에 사로잡혀 회개하고 순종할 때 성령으로 충만해집니다. 성령 충만은 진리 안에서 하나님과의 관계가 깊어지고, 삶이 예수님의 성품으로 변화되어 내가 사는 것이 아니요 내 안에 그리스도께서 사는 상태입니다(갈 2:20 참조).

성령님은 교회를 세우기 위해 다양한 은사를 주십니다(고전 12:4-11 참조). 그리고 날마다 성령으로 충만하라고 명령하십니다(엡 5:18 참조). 성령 충만할 때 우리는 담대히 복음을 증거하고(행 1:8 참조), 예수님의 증인으로 살아갈 수 있습니다.

결론적으로 성령님은 우리를 감동시키는 영이 아니라, 그분은 아들의 형상으로 회복시키시고 온전한 사람을 이루어 구원을 완성하시기 위해 오셨습니다(롬 8:29, 엡 4:13 참조). 우리의 구원은 단순히 지옥에서 벗어나는 것이 아니라, 예수님의 성품을 닮은 하나님의 자녀로 회복되는 것입니다.

회개와 믿음으로 시작된 구원은 성령님의 인도와 충만, 중보와 열매를 통해 완성됩니다. 따라서 우리는 날마다 성령님의 음성에 귀 기울이고, 말씀과 기도로 순종하며 살아야 합니다. 그럴 때 성령님은 우리를 끝까지 붙드사 예수님의 형상으로 회복시키고, 구원의 날까지 인도하십니다. 이것이 성령님이 오신 이유이며, 우리의 구원이 완성되는 길입니다.

2. 말씀을 소리 내어 읽어야 하는 이유

성령님께서는 예수 그리스도의 속죄 은총을 우리 안에 적용하시기 위해 우리 영 안에 임하셨습니다. 성령님이 충만하게 나타나시려면 우리는 믿음으로 반응하며 그분께 맞추어야 합니다. 성령님은 말씀으로 조명하시고 예수 그리스도의 진리 안으로 우리를 인도하십니다.

성령 충만은 단순히 능력을 체험하는 것이 아닙니다. 그것은 진리 안에서 예수님을 더 깊이 경험적으로 아는 것이며, 주님의 말씀이 우리 안에 풍성히 거하는 상태입니다. 성령 충만의 본질은 진리에 사로잡혀 우리의 생각과 감정과 의지가 주님의 뜻에 복종하는 것입니다. 성령 충만이 내적인 상태라면, 성령의 나타나심은 외적으로 드러나는 은사와 열매입니다. 그 중심은 예수 그리스도의 성품(성령의 열매)이며, 은사는 그 성품을 세우는 도구입니다.

따라서 말씀을 소리 내어 읽는 것은 회개의 은혜를 구하는 매우 중요한 길이 됩니다. 마음에 죄를 품은 채로는 성령의 충만을 누릴 수도, 성령의 열매를 맺을 수도 없습니다. 성경을 눈으로 읽는 것은 편하지만, 실제로 성령의 역사는 약하게 나타납니다. 반면, 입술로 말씀을 선포할 때 성령의 빛이 임하며, 숨겨진 죄와 어둠의 영이 드러나게 됩니다.

영적인 실제를 경험하지 못했던 사람들도 매일 말씀을 소리 내어 많이 읽다 보면 대부분 그 능력을 경험하게 됩니다. 눈으로만 읽을 때는 어둠의 영이 드러나지 않기 때문에 편하게 읽을 수 있고, 지적인 깨달음도 얻을 수 있어 많은 이들이 그 방식을 선호합니다. 그러나 문제는 속에 감추어진 어둠이 드러나지 않을 뿐 아니라, 근본적으로 속사람의 변화가 일어나기 어렵다는 것입니다.

그러므로 내면에 빛의 소리, 곧 말씀의 음성이 울려 퍼질 때, 숨겨진 어둠의 영들이 충격을 받고 그 정체가 드러나며 결국 쫓겨가게 됩니다. 그때 비로소 진정한 변화가 찾아옵니다. 잠언 18장 21절은 "혀에는 생명과 죽음이 있다"고 증언합니다. 말씀을 눈으로 읽을 때 우리는 깨달음을 얻을 수 있고, 성령께서 역사하시면 그 말씀이 '레마'가 되어 마음속에서 실제 생명력을 발휘할 수도 있습니다. 그러나 이것은 소리 내어 읽는 것과는 비교할 수 없습니다.

성경을 소리 내어 읽을 때, 말씀의 생명이 흘러나와 죽은 영을 살리고, 잠자는 영을 깨우며, 혼을 정화시키는 역사가 일어납니다. 읊조림의 능력을 경험한 다윗은 시편 곳곳, 특히 시편 119편에서 그 놀라운 열매를 간증하고 있습니다.

① 말씀에는 생명력이 있다

성경은 단순한 문자 기록이 아니라, 성령께서 생명을 불어넣으실 때 살아있는 말씀이 됩니다. 기록된 로고스의 말씀을 믿음으로 받아들이려면 눈으로만 읽지 말고 입술로 선포해야 합니다. 소리 내어 말씀을 읽을 때 성령께서 우리의 내면을 비추시고 죄를 드러내시며 회개로 이끄십니다. 이 말씀은 죄를 태우고 마귀를 멸하는 불이며, 모든 것을 벌거벗은 것 같이 드러내어 하나님 앞에 서게 합니다.

시편 73-83편에서 아삽은 하나님께서 때가 되면 죄를 낱낱이 드러내신다고 고백했습니다. 성령께서 말씀의 검으로 어둠을 찌를 때 우리는 실제로 영적 공격과 아픔을 느낍니다. 그러나 십자가 앞에서 겸손히 죄를 인정하고 내려놓을 때 하나님의 회복이 임합니다.

예수님께서도 "사람이 떡으로만 살 것이 아니요 하나님의 입으로 나오는 모든 말씀으로 살 것이라."(마 4:4)고 하셨습니다. 영혼은 말씀을 먹지 않으면 죽습니다. 많은 성도들이 말씀을 먹지 않아 영혼이 깊은 잠에 빠져 종교적 생활에 머물러 있습니다.

생명력 있는 말씀은 죽은 영을 살려줄 뿐만 아니라 죽은 혼도 수술하여 살려줍니다. 히브리서 4장 12-13절은 하나님의 말씀이 좌우에 날선 검과 같아 우리의 혼과 영과 관절과 골수를 찔러 쪼개며, 생각과 뜻을 드러낸다고 증언합니다. 말씀은 단순한 문자나 지식이 아니라 지금도 살아 역사하는 생명의 말씀입니다. 성령께서 말씀으로 역사할 때, 그 말씀은 우리 안의 죄와 자기 의(義)와 위선을 폭로합니다.

말씀의 검은 우리를 정죄하기 위한 것이 아니라 십자가 앞에 서게 하기 위해 깊이 찌릅니다. 옛사람을 죽이는 동시에 새사람을 살리는 것이 말씀의 본질입니다. 그래서 말씀을 소리 내어 읽을 때 내면 깊은 곳이 드러나고 회개와 순종으로 나아가게 됩니다.

② 말씀 묵상의 본질

여호수아 1장 8절은 "이 율법 책을 네 입에서 떠나지 말게 하며 주야로 그것을 묵상하라"고 명령합니다. 여기서 "묵상하다"의 히브리어 원어는 하가(hagah)로, 낮은 소리로 읊조리다, 반복하다, 곰곰이 되새기다라는 뜻입니다. 단순히 마음으로만 생각하는 것이 아니라 입술로 소리 내어 말씀을 되새기는 행위가 포함됩니다.

　시편 1편 2절에서도 같은 단어가 쓰였습니다. 성경적 묵상은 단순히 말씀을 읽는 것이 아니라, 말씀을 입으로 읊조리며 마음에 새기고 깊이 음미하는 것입니다. 말씀을 소리 내어 읽을 때, 성령께서 죽은 지식을 살려 실제 삶에 적용되는 살아있는 말씀으로 변화시키십니다. 성령의 조명을 통해 로고스(Logos)가 레마(Rhema)로 경험될 때, 그 말씀이 내 영혼과 삶에 생명력을 흘려보냅니다. 반면, 생명력이 없는 죽은 지식은 영혼에 아무 유익을 주지 못합니다. 따라서 죽은 지식에도 반드시 성령의 기름이 흘러야 말씀의 실제적 능력을 경험할 수 있습니다. 이 과정에서 말씀을 소리 내어 읽는 것이 특히 효과적입니다.

　로고스는 성경 전체, 보편적인 진리를 의미합니다. 반면 레마는 성령께서 지금 내 상황과 필요에 맞게 개인적으로 주시는 말씀입니다. 예를 들어 시편 23편 "여호와는 나의 목자시니 내게 부족함이 없으리로다"를 반복해 읊조릴 때, 성령께서 "네가 염려하는 문제는 내가 책임진다"라는 레마로 적용하실 수 있습니다. 그 순간 두려움은 사라지고, 말씀은 확신으로 다가오며 마음과 영혼에 생명력이 흐릅니다.

　하나님께서 먼저 우리를 사랑하시고, 성령으로 마음을 열어 레마 말씀을 주시며 예수님께로 인도하시는 과정에서, 우리는 페이버(Favor)의 믿음을 선물로 받습니다. 이렇게 받은 레마 말씀은 내 영혼을 살리고, 회개와 순종, 그리고 삶 속의 열매로 이어집니다. 레마 말씀은 생명수가 되어 목마른 영혼의 갈증을 해결하는 역할을 합니다.

③ 말씀(읊조림)과 삶의 열매

사람마다 말씀을 받아들이는 마음은 서로 다릅니다. 길가 같은 마음은 말씀을 들어도 마귀가 즉시 빼앗아 금방 잊어버립니다. 돌밭 같은 마음은 말씀을 들을 때 잠시 은혜를 경험하지만, 환난이나 시험이 오면 쉽게 넘어집니다. 가시떨기 같은 마음은 말씀의 뿌리를 내렸음에도 세상의 염려와 재물의 유혹 때문에 열매를 맺지 못합니다. 좋은 땅의 마음은 말씀을 착한 마음으로 듣고, 읊조리며 묵상하고 마음 깊이 새깁니다. 이때 성령께서 레마(그 순간 나에게 필요한 말씀)로 역사하시고, 믿음으로 반응하게 하시며, 결국 성령의 열매를 맺게 하십니다.

말씀을 하가(읊조리고 마음에 새기는)하는 입술의 열매는 하나님께서 가장 기쁘게 받으시는 제사입니다. 호세아 14장 2절에는 "수송아지 대신 입술의 열매를 주께 드리리이다"라고 고백하고 있습니다. 구약시대에는 짐승을 제물로 드렸지만, 신약시대에는 예수님이 참 제물이 되셨습니다. 이제 우리가 드릴 제사는 성령을 의지하여 입술로 드리는 찬양과 기도, 말씀 선포입니다. 히브리서 13장 15절은 이를 "입술의 열매, 곧 찬송의 제사"라고 부릅니다.

입술의 열매는 단순한 말이 아닙니다. 그것은 성령 안에서 말씀을 읊조리고, 선포하고, 찬양하는 말입니다. 우리의 마음과 입술이 말씀으로 깨끗해질 때, 그 말은 생명이 되고, 소리에는 하나님의 능력이 흐릅니다. 그래서 하나님께서 가장 기뻐 받으시는 제사는 입술에서 흘러나오는 찬송과 말씀의 열매입니다.

첫째, 새 노래는 성령이 주시는 찬양입니다. 하나님께서 받으시는 찬송의 제사는 거듭난 영이 성령으로 부르는 새 노래입니다. 우리의 입술과 마음은 구원해 주신 예수 그리스도를 높이고 찬양해야 합니다. 새 노래는 단순히 새로운 곡이나 가사를 뜻하지 않습니다. 새 노래란 성령 안에서, 새 생명으로 드려지는 찬양을 말합니다. 이 찬양은 인간의 감정이나 노력에서 나오는 것이 아니라, 성령께서 우리 안에서 찬양의 영으로 역사하실 때 흘러나옵니다. 즉 내가 부르는 노래가 아니라 내 안의 그리스도께서 부르시는 찬양입니다.

둘째, 회개와 말씀의 기름이 새 노래를 준비합니다. 다윗은 "여호와께서 나를 끌어내사 내 입에 새 노래 곧 우리 하나님께 올릴 찬송을 두셨다"라고 고백합니다(시 40:2-3). 다윗은 깊은 연단과 회개를 통과한 후에 새 노래의 은혜를 받았습니다. 이는 단순한 음악적 감정이 아니라, 죄에서 돌이키고 마음이 정결해질 때 성령께서 주시는 새로운 찬양의 영을 말합니다. 우리가 영적으로 회개하고, 마음에 말씀의 기름 부음으로 채워질 때, 비로소 우리의 영이 깨어나고 입술에서 새 노래가 흘러나옵니다. 새 노래는 회개한 영혼이 성령으로 새로워질 때 나오는 찬양의 증거입니다.

셋째, 새 노래는 영과 진리로 드리는 예배입니다. 예수님은 말씀하셨습니다. "아버지께 참되게 예배하는 자들은 영과 진리로 예배할 때가 오나니"(요 4:23). '영과 진리'로 예배한다는 것은 성령 안에서, 그리고 진리이신 예수 그리스도를 따라 예배한다는 뜻입니다. 성령께서 우리의 영을 깨우시고, 그 영이 성령과 교통할 때 비로소 참된 예배, 곧 새 노래의 예배가 됩니다. 그때 우리의 마음(혼)과 몸도 성령의 은혜 아래 순종하게 되어 같은 찬양이라도 그 본질이 완전히 달라집니다. 옛 노래는 내가 주체가 되어 부르는 노래이지만, 새 노래는 성령이 주체가 되어 내 안의 그리스도께서 부르시는 찬양입니다. 이때 찬양은 단순한 노래가 아니라 하나님께 드려지는 영적 제사가 됩니다.

넷째, 새 노래에는 하나님의 능력이 흐릅니다. 찬양의 소리는 단순한 음악이 아니라 속사람(영)의 상태를 드러내는 통로입니다. 바울은 "하나님의 나라는 말에 있지 않고 능력에 있다"(고전 4:20)고 말했습니다. 성령의 능력이 임한 영에서 나오는 찬양의 소리는 죽은 영을 살리고, 잠자는 영을 깨우며, 병든 마음과 몸을 회복시키는 능력을 나타냅니다.

사도행전 16장에서 바울과 실라는 옥중에서도 하나님을 찬양했습니다. 그때 하나님의 임재가 임하고 옥문이 열리는 역사가 일어났습니다. 이것이 바로 새 노래의 능력입니다. 성령이 주도하실 때 찬양은 영적인 돌파와 회복의 통로가 됩니다.

다섯째, 새 노래는 갈망하는 영에게 임합니다. 찬양의 기름 부음은 우리의 영적 상태와 주님을 향한 갈망의 깊이에 따라 다르게 나타납니다. 비록 우리가 연약하여 새 노래를 부를 힘이 없을지라도, 마음을 다해 주님을 바라보고, 성령의 임재를 사모하며 정직하게 찬양할 때 성령께서 은혜를 베푸셔서 마음의 어둠을 제거하고 새 힘을 부어 주십니다. 성령께서 주도하시는 새 노래는 우리의 영육을 살리고, 공동체를 회복시키며, 하나님의 임재를 불러옵니다. 이것이 바로 입술의 열매, 곧 하나님이 기뻐 받으시는 찬송의 제사입니다(히 13:15 참조).

설교와 찬양이 생명의 능력을 흘려보내려면 속사람이 근본적으로 바뀌어야 합니다. 당장 속사람이 완전히 바뀌지 않았다 하더라도, 강단에 설 때는 보혈로 죄를 씻고 말씀을 소리 내어 읽으며, 입술을 성령께 맡기는 기도를 해야 합니다. 그 순간 자신의 모든 것을 내려놓고 성령의 나타남을 사모하며 찬송의 제사를 드릴 때, 생명의 능력이 흘러나옵니다.

성령님은 입술을 통해 역사하시기 때문에 말씀과 입술의 선포가 매우 중요합니다. 하나님은 수송아지와 같은 예물, 봉사, 전도, 헌신 등도 귀하게 여기지만, 그보다 지혜로운 입술로 드리는 찬송의 제사를 더 기뻐하십니다. 찬송의 제사는 예수 그리스도 안에서 성령으로 행하는 모든 것을 포함합니다. 성령으로 사는 사람들의 입에서는 하나님의 지혜와 능력이 흘러나옵니다.

처음부터 말씀을 선포할 때 지혜로운 입술이 되는 것은 아닙니다. 그러나 말씀을 소리 내어 읽고, 지속적으로 회개의 은혜를 구하며, 옛사람을 죽이는 과정을 통해 하나님께서 지혜로운 입술을 만들어 주십니다. 세상에는 금과 진주 같은 값진 것이 많지만, 하나님을 경외하는 지혜에서 나오는 입술은 가장 귀합니다(잠 20:15 참조). 물질적 가치는 일시적이지만, 하나님의 지혜에서 나온 말은 영혼을 살리고 세대를 변화시키는 가치를 지닙니다.

성령으로 말씀을 읊조리고 묵상할 때, 우리의 입술에서 생명의 말씀이 흘러나옵니다. 예수님을 증거하고 말씀을 선포하며 입술로 열매를 맺는 것이 가장 큰 보배입니다. 다윗처럼 주야로 말씀을 읊조리며 찬양하고, 하나님의 공의를 가르쳐 달라고 기도할 때, 우리의 삶과 공동체에도 하나님의 공의와 통치가 세워집니다(시 119:108 참조).

하나님의 말씀은 우리의 생각을 뛰어넘고, 세상의 경험보다 더 정확한 길을 보여줍니다. 우리가 날마다 말씀을 소리 내어 읽고 묵상하며 순종할 때, 성령께서 우리를 아들의 형상으로 빚어 가십니다(롬 8:29-30 참조).

④ 소리 내는 묵상의 실제

성령님과 인격적인 교제를 원한다면 기록된 말씀을 부지런히 소리 내어 읽어야 합니다. 소리 내는 말씀은 영혼을 깨우고, 죄를 드러내며, 회개와 순종으로 인도합니다.

부활하신 예수님께서 제자들의 마음을 열어 성경을 깨닫게 하신 것처럼, 성령님은 우리의 마음에 말씀을 새겨주십니다. 단순한 지식은 죽은 씨앗과 같지만, 성령이 열어주신 말씀은 살아있는 생명의 씨앗입니다. 따라서 우리는 날마다 말씀을 소리 내어 선포하며, 회개와 기도로 주님 앞에 나아가야 합니다. 성령께서 말씀을 마음과 생각에 기록해 주실 때, 우리의 영혼은 평안을 얻고 열매 맺는 삶으로 나아갑니다.

성령으로부터 오는 살아있는 말씀만이 영혼을 거듭나게 합니다. 베드로전서 1장 23절은 우리가 거듭나는 것은 "썩지 아니할 씨 곧 살아 있고 항상 있는 하나님의 말씀"으로 된다고 증언합니다. 하나님의 말씀은 죽은 글자가 아니라 지금도 계속 살아 움직이며 씨앗처럼 우리 안에 심겨져 성령의 열매를 맺게 합니다.

죽은 지식은 사람을 변화시키지 못합니다. 머리로만 아는 말씀이 아니라, 성령께서 마음에 심어주신 살아있는 말씀이 우리를 새롭게 합니다. 그 말씀은 옛사람의 죄와 타락한 정욕을 끊어내고, 영혼을 깨끗하게 하며, 그리스도의 인격을 닮도록 이끕니다.

시편 19편 7-8절도 말씀의 본질을 선포합니다. 하나님의 말씀은 영혼을 살려주고, 하나님의 지혜를 주며, 마음에 참 기쁨을 주고, 영의 눈을 밝혀줍니다. 그래서 생명의 말씀을 소리 내어 읽고 마음에 새길 때 영혼이 살아나고 아름다운 예수 그리스도의 인격으로 변화되는 것입니다.

⑤ 영의 감각을 깨우는 말씀 읊조림의 능력

바울은 고린도전서 15장 44절에서 "육의 몸이 있은즉 영의 몸도 있다"고 증언합니다. 육신의 몸에 오감이 있듯, 영의 몸에도 영적 오감이 있습니다. 그러나 아담의 타락 이후 모든 사람은 영의 감각이 죽은 상태로 태어납니다. 예수님을 믿을 때 죽었던 영은 살아나지만, 영의 감각기관은 말씀과 회개, 그리고 연단을 통해 점차 깨어납니다.

히브리서 5장 14절은 "지각을 사용함으로 연단을 받아 선악을 분별하는 자"라고 증언합니다. 여기서 말하는 지각은 영적 감각을 의미합니다. 말씀의 빛으로 회개하며 마음의 눈이 밝아진 성도는 지각을 사용하여 연단을 받고, 그 과정 속에서 선악을 분별하는 장성한 믿음의 사람으로 세워집니다. 지각을 사용한다는 것은 말씀을 기준으로 영적인 것들을 느끼고 감지하며, 도덕적 인식과 훈련된 양심으로 분별하는 것입니다.

연단은 말씀의 빛을 받고 영의 감각기관이라는 지각을 사용하여 받게 됩니다. 훈련된 분별력과 영적 통찰력이 있을 때 연단을 잘 받을 수 있습니다. 영의 감각을 통해 하나님의 뜻과 선악, 진리와 미혹을 분별할 수 있습니다. 꾸준히 말씀 안에서 죄와 싸워 이기며 영적 경험을 쌓을수록 영의 감각기관은 더욱 예민해지고 분별력은 성장합니다.

아담의 원죄로 인해 태어날 때부터 죽어 있던 영의 감각은 예수님을 믿음으로 성령을 모실 때 다시 살아납니다. 그러나 모든 감각이 동시에 깨어나는 것은 아닙니다. 먼저는 믿음을 가질 수 있도록 영의 귀를 열어 진리를 듣게 하십니다. 이후 지속적인 기도와 말씀에 대한 믿음의 반응, 그리고 죄를 버리는 회개를 통해 나머지 감각들이 점차 살아납니다. 결국 그리스도의 인격으로 살아가기 위해서는 반드시 연단을 거쳐야 하며, 그 과정을 통해 영적 감각기관이 민감해지고 주님의 뜻을 더 깊이 깨닫게 됩니다.

지각이 살아나지 않으면 연단을 받을 수 없습니다. 영의 눈, 귀, 코, 입, 촉각이 마비된 상태에서는 아무리 고난을 겪어도 영적 성숙이 이루어지지 않습니다. 그러나 지각이 깨어 있으면, 말씀과 기도를 통해 영의 감각이 훈련되고 고난 속에서도 주님을 깊이 알게 됩니다. 영의 시각, 청각, 후각, 미각, 촉각은 연단을 통해 더 예민해지며, 하나님의 뜻을 분별하는 능력이 자라납니다.

영의 감각은 구체적으로 이렇게 역사합니다. 영의 귀는 성령의 음성과 인도하심을 듣고, 영의 코는 기도의 향기를 하나님께 올려드리며 선한 영과 악한 영의 기운을 분별합니다. 영의 입은 말씀을 맛보고 성령의 감동으로 선포합니다. 영의 촉각은 하나님의 임재와 어둠의 영 전이를 느끼며, 영의 눈은 계시와 말씀의 본질, 하나님의 영광을 보고 깨닫습니다.

제 경험에 따르면, 마지막으로 열린 감각은 영의 눈이었습니다. 이 눈은 주인이 바뀌고 탐심과 소유욕을 버리는 철저한 회개를 통해 마음이 거룩해질 때 열립니다. 영의 눈은 두 가지로 이해할 수 있습니다. 하나는 실제로 영적인 것을 보는 눈입니다. 또 다른 하나는 회개와 성숙을 통해 열리는 마음의 눈입니다. 마음의 눈은 베드로후서 1장 19-21절에서 언급된 바와 같이, 성령의 감동으로 성경의 확실한 예언을 깨닫는 눈입니다. 이 눈은 거저 주어지지 않고, 연단과 자아의 죽음, 하나님의 뜻에 순종하는 대가를 지불할 때 열리는 은혜입니다. 이렇게 열린 마음의 눈을 가진 이들이 성령으로부터 말씀을 받아 선포할 수 있습니다.

영의 오감이 살아나고 발전할수록, 성도는 연단을 통과하며 순전한 믿음과 성화의 길로 나아갑니다. 그러나 영의 감각은 거룩하게 살수록 민감해지고, 죄와 타협하며 세상 속에 빠져 살수록 무뎌집니다. 영적 감각기관은 깨어 말씀을 선포하고, 무시로 기도하며, 죄를 버리고 성령을 따라 살아갈 때 온전히 깨어납니다. 반대로 죄를 반복하면서 회개하지 않으면 마음이 돌처럼 단단해져 양심이 죽고, 죄에 대해 아무런 통증도 느끼지 못하는 마비 상태에 이르게 됩니다. 그 결과 욕망에 자신을 내어주며 죄를 거리낌 없이 행하고, 그 가운데서도 끊임없는 탐욕으로 영과 육을 더럽히게 됩니다.

따라서 영이 무감각하여 회개가 되지 않는 이들은 성경을 소리 내어 많이 읽고, 주님 앞에 마음을 숨김없이 아뢰는 기도부터 시작해야 합니다. 말씀은 해독제처럼 역사하여 영의 감각을 다시 살려줄 것입니다. 결국 영의 감각기관은 죄와 타협하면 무뎌지고, 거룩하게 살면 점점 더 예민해집니다. 그러므로 말씀을 소리 내어 읽고, 회개 기도로 주님께 나아갈 때 영의 감각이 깨어나며 주님의 뜻을 분별할 수 있습니다. 꾸준히 믿음으로 말씀을 하가(읊조림)하며 회개한다면 영은 강화되고, 옛사람의 혼적 생명은 죽어가고, 예수 그리스도의 생명으로 거듭나는 은혜를 경험하게 될 것입니다.

2부
회개와
믿음의 여정

1. 회개의 은혜를 구하라

회개는 인간의 힘이나 노력으로 이룰 수 있는 것이 아니라, 오직 성령께서 베푸시는 은혜로만 가능합니다. 그렇다면 왜 회개가 그토록 중요한 것일까요? 예수님을 믿고 성령을 모시는 순간 우리는 거듭남 곧 중생의 은혜를 경험합니다. 그러나 중생이 이루어졌다 하더라도 여전히 우리의 생각과 감정, 그리고 육신은 옛사람의 방식에 머물러 있기 때문에 삶의 실제 속에서 방향 전환이 필요합니다. 이것이 바로 회개입니다.

중생과 회개는 서로 긴밀히 연결되어 있으면서도 구분할 필요가 있습니다. 중생은 성령의 주권적 역사로 죽은 영이 살아나는 단번의 사건입니다. 눈에는 보이지 않지만, 내면 깊은 곳에서 근본적으로 새롭게 되는 은혜입니다. 반면 회개는 그 새 생명을 받은 사람이 죄에서 돌이켜 하나님께 나아가며, 자기 주인의 자리를 하나님께 내어드리는 믿음의 응답입니다. 다시 말해 중생이 영의 차원에서 일어나는 사건이라면, 회개는 내면과 삶의 차원에서 지속적으로 나타나는 변화라고 할 수 있습니다.

　사도행전 9장에서 사울이 다메섹 도상에서 부활하신 주님을 만났을 때, 하나님께서는 그의 눈을 열어 죽은 영을 살리셨습니다. 이것이 바로 중생의 은혜였습니다. 그러나 그 후 사울이 죄를 버리고 복음을 전하는 삶으로 돌이킨 것이 회개의 열매였습니다. 그는 옛사람 사울에서 새사람 바울로 정체성이 바뀌었고, 삶의 방향도 완전히 달라졌습니다. 이처럼 중생은 성령의 강권적인 은혜이고, 회개는 그 은혜에 대한 믿음의 응답입니다. 그리고 이 회개조차 인간의 결단만이 아니라, 성령께서 깨닫게 하시고 돌이키게 하시는 은혜의 역사입니다.

　하지만 오늘날 많은 성도들은 중생의 은혜는 경험했으나, 회개의 삶에는 부족함이 있습니다. 여전히 자신이 주인의 자리에 앉아 옛사람의 방식대로 생각하고 반응하며 살아가기 때문에, 신앙생활을 오래 했어도 변화의 열매가 나타나지 않는 경우가 많습니다. 참된 회개는 단 한 번의 감정적 결단이 아니라, 성령의 인도하심 속에서 날마다 자기를 부인하고 주님께 방향을 맞추는 삶입니다.

　회개의 본질은 단순히 잘못을 후회하는 것이 아닙니다. 죄와 자아 중심의 삶을 버리고 하나님 중심으로 방향을 바꾸는 것입니다. 옛사람을 십자가에 못 박고 새 생명 가운데 말씀대로 순종하며 살아가는 것이 참된 회개입니다. 믿음은 반드시 삶으로 드러나기에, 회개 없는 믿음은 행함이 없는 죽은 믿음일 뿐입니다.

이 회개는 우리의 노력이나 종교적 행위로는 불가능합니다. 오직 성령의 은혜로만 가능하며, 특별히 말씀을 소리 내어 읽을 때 강력하게 임합니다. 말씀이 곧 예수님이고 빛이기에, 말씀이 선포될 때 어둠이 드러나고 죄가 폭로되며 회개의 은혜가 부어집니다. 실제로 말씀을 소리 내어 읽으며 꾸준히 회개의 은혜를 구하면, 가치관이 변화되고 자아가 무너지고 인격이 새로워지며 성령의 열매가 맺히게 됩니다.

회개의 열매는 삶의 실제에서 분명히 드러납니다. 분노가 온유로 바뀌고, 교만이 겸손으로, 자랑이 자기 부인으로 변합니다. 염려 대신 평안이 임하고, 거친 언어가 절제된 말로 바뀌며, 율법주의에서 복음 중심으로 옮겨집니다. 또한 정욕과 탐심이 사라지고 믿음이 성장하고 성령의 열매가 나타나고 말씀의 실제를 경험하게 됩니다.

그러므로 회개는 단순히 과거의 잘못을 고백하는 것이 아니라, 날마다 자아를 부인하고 하나님 중심으로 살아가는 과정입니다. 옛사람의 신을 벗고 새사람이 되어 복음의 신을 신고 사는 삶입니다. 우리가 말씀을 따라 성령 안에서 꾸준히 회개의 삶을 살 때, 죄성과 타락한 정욕의 뿌리가 제거되고 예수 그리스도의 인격으로 새롭게 변화됩니다.

성령께서 오신 이유는 바로 이 회개의 은혜를 베푸시고, 우리를 그리스도의 형상으로 빚으시기 위함입니다. 그러므로 우리의 모든 삶의 환경은 연단의 도구이며, 말씀을 소리 내어 읽는 회개의 삶을 통해 우리는 옛사람을 벗어버리고 예수님의 성품으로 새롭게 창조됩니다. 회개 없이는 변화가 없고, 변화 없이는 예수님과의 연합도, 하나님 나라의 생명도 누릴 수 없습니다.

결국 회개란 내 중심에서 하나님 중심으로 삶을 전환하는 것입니다. 우리가 말씀을 소리 내어 읽으며 회개의 은혜를 구할 때, 성령께서 우리의 혼과 육까지도 새롭게 하셔서 예수 그리스도의 인격으로 변화시키십니다. 이것이야말로 성도가 평생 구해야 할 은혜이며, 날마다 맺어야 할 생명의 열매입니다.

① 회개의 은혜를 받는 실제

회개의 은혜가 가장 강력하게 임하는 자리는 말씀 소리입니다. 예수님이 곧 말씀이시며 빛이시기 때문에, 우리가 입술로 말씀을 선포할 때 어둠이 드러나고 회개의 은혜가 임하게 됩니다.

회개 작정 기도를 드릴 때는 형식에 얽매일 필요가 없습니다. 성령의 감동에 따라 자유롭게 순서를 조율하되, 기본적인 흐름은 이렇습니다.

먼저 믿음으로 예수님의 보혈을 의지하고 성령님의 임재를 구해야 합니다. 성령님은 이미 우리 마음 안에 계시지만, 우리가 믿음으로 간구할 때 임재를 드러내십니다. 그분이 나타나실 때 어둠이 떠나가고 평안이 임하여, 겸손히 찬양과 기도와 말씀에 집중할 수 있습니다.

그다음은 찬양입니다. 평소에 은혜와 감동이 되는 곡을 선택해서 반복해서 불러도 좋습니다. 힘 있게 찬양을 선포할수록 성령의 불이 붙고, 어둠의 권세가 물러갑니다. 찬양은 잡생각을 사라지게 하고, 기도에 몰입할 수 있는 영적 분위기를 형성합니다.

이어지는 단계는 간절한 기도입니다. 형식적이지 않게 상한 심령으로 구체적인 죄를 자백할 때 죄 사함을 받습니다. 하나님 앞에서 마음 깊은 곳의 죄를 쏟아내며, 죄를 짓게 한 정욕의 뿌리까지 끊어 달라고 간구하십시오. 기도는 반드시 '지금 함께하시는 하나님' 앞에서 믿음으로 드려야 합니다. 이때는 육신의 필요보다 먼저 죄와 탐심을 내려놓는 회개 기도에 집중하는 것이 유익합니다. 방언 기도도 큰 도움이 됩니다. 방언은 성령의 불을 일으켜 어둠을 몰아내며, 영혼 깊은 곳을 깨끗하게 정화하는 능력의 도구가 됩니다.

무엇보다 중요한 것은 말씀을 소리 내어 읽는 것입니다. 로고스의 말씀을 입술로 시인하며 선포할 때 성령께서 기름 부으시고 말씀이 살아 역사합니다. 눈으로만 읽는 것은 머리에 지식만 쌓지만, 믿음으로 선포할 때는 마귀가 정체를 드러내고 떠나갑니다. 그러므로 반드시 말씀을 입술로 선포해야 합니다. 특히 시편은 기도의 본문으로 적합하며, 예수님의 속죄 은혜가 담겨 있어 회개 기도에 매우 유익합니다.

성경을 소리 내어 읽다 보면 잡생각이나 방해가 찾아올 수 있습니다. 그럴 때마다 "예수님의 이름으로 끊는다"라고 선포하고 계속 읽으십시오. 깨달음에 집착하지 말고 마음을 주님께 드리며 속독하다 보면, 성령께서 때에 맞게 말씀을 레마로 열어주십니다.

말씀을 읽는 가운데 회개할 때 죄의 묶임이 풀리고, 보혈로 씻음받아 치유가 일어나며, 말씀이 실제 능력으로 경험됩니다. 성경을 많이 읽었는데도 아무 말씀이 생각나지 않거나 깨달음이 전혀 없어도 괜찮습니다. 왜냐하면 소리 내어 읽는 것만으로도 마음 속에 마귀가 뿌려 놓은 독이 해독되고, 영이 평안을 얻어 마음이 주님께로 향하기 때문입니다.

사람은 지식의 욕구를 만족시키거나 즉각적인 유익을 얻지 못하면 성경을 지속적으로 읽기 어려워합니다. 이런 마음부터 내려놓지 않으면, 열심히 읽고도 깨닫는 것이 없을 때 쉽게 포기하게 됩니다. 어린아이처럼 단순하게, 말씀이 달게 느껴지든 그렇지 않든 상관없이 많이 읽는 것이 중요합니다. 말씀을 열어 깨닫게 하시는 분은 성령님이십니다. 우리의 할 일은 믿음으로 말씀을 소리 내어 많이 읽는 것이며, 그때 성령께서 마음의 독을 제거하고, 깨끗하게 하시며, 깨닫게 하십니다.

회개를 통해 죄 용서를 받은 후에는 성령 안에서 믿음으로 살아가는 훈련이 필요합니다. 죄가 다시 올라올 때마다 자아가 십자가에서 이미 죽었다는 사실을 믿고 선포하고 주님 앞에 내려놓으십시오. 그때 성령께서 평안과 생명의 열매를 맺게 하십니다.

회개에는 반드시 소유욕을 버리는 과정이 따릅니다. 예수님께서는 새 포도주는 새 부대에 담아야 한다고 말씀하셨습니다(막 2:22 참조). 옛 부대인 율법적 신앙과 자기 의(義), 옛사람의 삶으로는 성령의 은혜를 담을 수 없습니다. 아담 안에서 물려받은 죄성과 타락한 정욕을 내려놓고, 말씀으로 새롭게 채워져야 합니다. 주님보다 더 사랑하는 모든 것은 우상이 되기에, 탐심을 버릴 때에만 예수 그리스도의 생명이 우리 마음에 온전히 거할 수 있습니다.

회개 작정 기도에는 금식과 절제가 큰 유익이 있습니다. 금식은 단순히 음식을 끊는 것에 그치지 않고, 세상의 욕심과 미디어에 대한 집착까지 내려놓는 것입니다. 특히 휴대폰 금식은 마음을 비우고 회개에 집중하는 데 큰 도움이 됩니다.

만약 작정 기도하는 기간 동안 휴대폰을 완전히 끊을 수 없다면, 최소한 성경을 읽고 기도하는 시간만이라도 꺼 두십시오. 가능하다면 영혼에 해가 되는 것은 보지도, 듣지도 말고, 대신 영혼에 유익한 설교를 들으십시오. 성경을 듣거나 찬양을 들으며 따라 부르고, 작정 기도 기간에는 모든 시간을 주님의 뜻에 합당하게 보내십시오.

성경 읽기의 분량은 자신의 믿음의 수준과 형편에 맞게 정하면 됩니다. 중요한 것은 죄를 하나하나 구체적으로 정해 자백하는 것입니다. 죄를 한꺼번에 나열하지 말고, 예를 들어 교만의 죄를 정했다면 그 기간에는 그 죄만 집중적으로 자백하고 용서를 구하십시오.

회개의 과정은 단번에 끝나지 않습니다. 한 계단씩 오르듯 꾸준히 회개의 단을 쌓아야 하며, 인내 가운데 열매가 맺힙니다. 때로는 고통과 연단이 따르지만 두려워할 필요는 없습니다. 성령님이 내주하시며 우리를 대신해 싸우시고, 결국 자유와 평강을 누리게 하실 것입니다.

회개의 은혜를 받는 방법을 정리하면 이렇습니다.
첫째, 말씀을 소리 내어 읽어 성령의 빛 앞에 죄를 드러내십시오.

둘째, 죄를 구체적으로 자백하고 예수님의 보혈로 씻음을 받으십시오.

셋째, 죄를 끊고 삶의 변화를 행동으로 이어가도록 속죄 은총에 대한 믿음의 반응을 하십시오.

넷째, 인내하며 지속적으로 회개 기도를 드리십시오.

말씀을 소리 내어 회개할 때 혼의 구원이 실제로 이루어지고, 성령의 빛 가운데 삶이 변화됩니다. 회개의 은혜는 성령 안에서 말씀과 보혈로 죄가 끊어지고, 예수 그리스도의 인격으로 살아가는 능력입니다. 그러므로 우리는 날마다 말씀을 입술로 선포하며 회개의 합당한 열매를 맺는 삶을 살아가야 합니다.

2. 구원의 완성과 믿음의 여정

① 회개 작정 기도의 기간과 성경적 의미

회개 작정 기도를 드릴 때는 자신의 임의대로 기간을 정하기보다, 성경에 기록된 날짜를 적용하는 것이 훨씬 효과적입니다. 성경 속 3일, 7일, 21일, 40일은 단순한 기간이 아니라 하나님의 역사 방식과 영적 의미를 담고 있기 때문입니다(레 14:8-9, 민 19:11-19, 겔 43:25-27 참조).

먼저, 3일은 부정을 씻음과 회복, 그리고 부활을 상징합니다. 민수기 19장 12절에서 "셋째 날과 일곱째 날에 자신을 정결케 하라."고 한 것처럼, 3일은 하나님 앞에 다시 서기 위한 정결의 과정입니다. 호세아 6장 2절의 "셋째 날에 우리를 일으키시리니"라는 말씀처럼 회복과 부활의 은혜가 임하는 시기이며, 예수님께서 3일 만에 부활하신 것도 같은 의미입니다.

7일은 완전함과 정결의 완성을 의미합니다. 창세기 2장에서 하나님께서 7일째 안식하신 것은 창조의 완성을 보여주며, 레위기 12장과 14장에서도 정결 의식에 7일이 필요함을 볼 수 있습니다. 여호수아가 여리고 성을 7일 동안 돌고 무너뜨린 사건 역시 하나님의 완전한 구원의 역사를 드러냅니다.

21일은 영적 전쟁과 돌파의 기간입니다. 다니엘은 21일 동안 기도하며 응답을 기다렸지만, 하늘에서는 치열한 영적 전쟁이 벌어지고 있었습니다(단 10:13 참조). 이처럼 기도의 응답이 지연될 때는 보이지 않는 차원에서 전쟁이 일어나고 있음을 알 수 있습니다. 따라서 21일은 끈질기게 매달리며 영적 돌파를 이루는 기도의 시간입니다. 물론 3일과 7일에도 영적 전쟁은 있지만, 21일에 비하면 그 기간이 짧고 영적 부담도 덜합니다.

40일은 시험, 연단, 성숙, 그리고 사명 준비의 기간입니다. 모세는 시내산에서 40일 금식하며 율법을 받았고, 엘리야는 호렙산까지 40일을 걸었습니다. 예수님께서도 공생애를 시작하시기 전, 광야에서 40일 금식하며 시험을 이기셨습니다. 이스라엘 백성 역시 40년 동안 광야에서 연단과 준비의 시간을 보냈습니다. 부족한 저 역시 40일 동안 모든 것을 내려놓고 말씀을 소리 내어 읽으며 통회했을 때, 마음의 눈이 열리는 깊은 은혜를 경험한 적이 있습니다.

성경 속 숫자에는 하나님의 방식과 영적 원리가 담겨 있습니다. 따라서 회개 작정 기도를 드릴 때 이 기간들을 적용하면, 성경 말씀이 더욱 생생하게 다가오고 믿음의 고백도 깊어집니다. 예를 들어, 3일은 가벼운 죄의 회개와 회복, 7일은 죄의 묶임을 풀어내는 기도, 21일은 강한 영적 돌파가 필요할 때, 40일은 사명과 인생의 전환점을 준비할 때 적합합니다. 특히 7일, 21일, 40일 작정 기도는 구체적인 죄목을 정해 회개할 때 하나님의 은혜가 풍성히 임하고, 사람에 따라 깊은 영적 체험을 하게 되기도 합니다.

회개는 우리의 방법이 아니라 하나님의 뜻대로 드려야 참된 효력이 있습니다. 예수님께서도 불법을 행한 자들을 책망하셨고, 바울은 법대로 경기해야 면류관을 얻는다고 증언했습니다.

"나더러 주여 주여 하는 자마다 다 천국에 들어갈 것이 아니요 다만 하늘에 계신 내 아버지의 뜻대로 행하는 자라야 들어가리라. 그 날에 많은 사람이 나더러 이르되 주여 주여 우리가 주의 이름으로 선지자 노릇 하며 주의 이름으로 귀신을 쫓아내며 주의 이름으로 많은 권능을 행하지 아니하였나이까 하리니 그 때에 내가 너희를 도무지 알지 못하니 불법을 행하는 자들아 내게서 떠나가라 하리라"(마 7:21-23).

"경기하는 자가 법대로 경기하지 아니하면 승리자의 관을 얻지 못할 것이며"(딤후 2:5).

그러므로 회개 역시 예수 그리스도께서 다 이루어 놓으신 보혈의 은총과 생명의 말씀을 의지할 때 이루어집니다. 말씀을 소리 내어 읽고 죄를 자백하며 자아를 주님 앞에 내려놓을 때, 성령께서 우리 안에서 옛사람을 죽이고 그리스도의 새 생명으로 채우십니다.

결국 회개의 목적은 단순히 죄를 고백하는 데 있지 않고, 악한 자아를 버리고 예수 그리스도의 형상을 닮아가는 데 있습니다. 믿음의 분량에 따라 내려놓는 깊이는 다르지만, 천국의 영원한 보물을 아는 사람일수록 더 빨리 자신을 포기합니다. 그러므로 어떤 대가를 치르더라도 말씀을 붙들고 회개의 은혜를 구해야 합니다. 그럴 때 성령께서 우리를 아들의 형상으로 빚으시며, 하나님의 목적을 이루어 가십니다.

② 구원의 완성, 그러나 계속되는 여정

예수님의 십자가로 구원은 이미 완성되었습니다. "우리가 거룩함을 얻었노라"(히 10:10), "그가 한 제물로 거룩하게 된 자들을 영원히 온전하게 하셨느니라"(히 10:14). 이 말씀은 구원이 단번에 이루어진 객관적 은혜임을 선포합니다. 그러나 동시에 그 은혜가 우리의 삶 속에 실제가 되도록 성령과 함께 걸어가야 합니다.

예수님은 십자가에서 이미 구원을 완전히 이루어 놓으셨습니다. 하지만 성령님은 그 구원이 단순히 과거의 사건으로 머물지 않고, 우리의 일상 속에서 날마다 실제가 되도록 역사하십니다. 우리의 영은 거듭남으로 단번에 새로워졌지만, 우리의 생각과 감정, 의지 곧 인격의 영역은 평생에 걸쳐 성령의 손에 빚어져 가야 합니다. 이것이 바로 성화 즉 구원의 실제화 과정입니다.

성경은 사람을 "영과 혼과 몸"으로 설명하기도 합니다(살전 5:23 참조).
이것은 인간을 세 부분으로 나누려는 교리적 구분이라기보다, 하나님께서 우리의 존재 전체인 영적, 내면적, 육체적 영역을 모두 거룩하게 하신다는 뜻입니다. 영은 하나님과 교제하는 자리이며, 거듭남은 죽었던 영이 성령으로 다시 살아나는 사건입니다(요 3:6 참조). 그러나 우리의 내면(생각, 감정, 의지)은 여전히 자아가 중심이 되어, 때로는 죄성과 연약함을 드러냅니다. 성령은 우리의 영 안에 거하시며(고전 6:17 참조), 점점 우리의 내면과 삶 전체를 다스리셔서 주님께 드려지게 하십니다.

성화는 자아가 내려앉고 성령께 마음을 내어드릴 때 시작됩니다. 예수님은 "누구든지 나를 따라오려거든 자기를 부인하고 자기 십자가를 지고 나를 따를 것"(마 16:24)이라 하셨습니다. 자아 부인은 자신을 억누르는 것이 아니라, 우리의 생각과 감정을 주님께 맡기고, 의지를 성령께 순종하는 삶을 뜻합니다. 그럴 때 성령께서 말씀을 깨닫게 하시고 순종의 길로 이끄십니다.

이 과정은 단번에 끝나지 않습니다. 마치 집의 방들을 하나씩 정리하듯, 성령께서 우리의 내면 깊은 곳까지 빛을 비추셔서 죄성과 상처를 드러내고 씻어내십니다. 그리고 말씀과 기도로 채워 주시며, 점점 주님의 성품으로 변화시키십니다. 예수님은 말씀하셨습니다.

"너희가 내 말에 거하면 참으로 내 제자가 되고, 진리를 알지니 진리가 너희를 자유롭게 하리라"(요 8:31-32).

여기서 '거한다'는 것은 잠시 머무는 것이 아니라 지속적으로 함께 하는 삶을 뜻합니다. 진리는 단순한 지식이 아니라, 성령께서 마음에 새기시고 실제 삶 속에서 순종하게 하실 때 자유를 주십니다.

성령의 내주는 자동적 안전장치가 아닙니다. 성령은 인격적이시기에 우리의 믿음과 순종 가운데 역사하십니다. 사울은 성령이 임했으나 교만과 불순종으로 인해 성령이 떠나고 악령이 임했습니다(삼상 16:14 참조). 그러므로 성화는 날마다 성령께 자신을 내어드리고, 말쓤에 순종하며 살아가는 과정입니다. 구원의 여정은 결국 예수 그리스도의 형상을 닮아가는 데 있습니다(롬 8:29 참조). 성령은 우리의 영을 살리시고, 내면을 새롭게 하여 우리의 행실까지 거룩하게 변화시키십니다.

마지막 날에는 우리의 몸까지 부활의 영광으로 변화시킬 것입니다(롬 8:23, 빌 3:21 참조).

성화는 평생의 여정이지만, 그 끝에는 예수님의 인격을 닮아 하나님의 형상을 드러내는 영광이 기다립니다.

"진리를 알지니 진리가 너희를 자유롭게 하리라"(요 8:32).

이것이 바로 성도의 구원 여정을 요약하는 주님의 선언입니다.

③ 도중에 포기하지 말고 믿음으로 돌파하라

말씀을 소리 내어 읽으며 회개의 은혜를 구할 때는 도중에 포기하지 않고 끝까지 믿음으로 나아가야 합니다. 우리가 부르심을 받은 목적은 예수 그리스도의 형상을 닮아가는 것입니다. 하나님께서는 '새 언약'을 통하여 그 말씀을 우리의 마음과 생각에 기록하시고, 우리를 그리스도와 연합하게 하십니다.

그렇다면 '새 언약'이란 무엇일까요? 옛 언약 즉 율법의 시대에는 사람이 하나님께 순종해야만 복을 받고, 불순종하면 저주를 받는 조건적인 관계였습니다. 그러나 사람은 죄의 본성 때문에 율법을 완전히 지킬 수 없었고, 결국 죄책과 정죄 아래 머물 수밖에 없었습니다.

이 한계를 아신 하나님께서 예수 그리스도를 보내시어 십자가에서 우리의 죄를 대신 짊어지게 하셨습니다. 그리고 그분의 피로 새로운 약속 곧 새 언약을 세우셨습니다. 이 새 언약은 우리가 하나님을 위해 노력해서 구원받는 것이 아니라, 예수님의 피로 이미 구원받은 우리가 성령 안에서 변화되어 가는 것입니다.

"주께서 이르시되 그날 후에 내가 이스라엘 집과 맺을 언약은 이것이니 내 법을 그들의 생각에 두고 그들의 마음에 이것을 기록하리라"(히브리서 8:10).

이 말씀처럼, 하나님은 제 돌판에 율법을 새기지 않으시고 우리 마음 판에 말씀을 새기십니다. 성령님이 우리의 생각과 마음속에 역사하시며, 하나님의 뜻을 따르고 싶은 새로운 마음을 주십니다. 그래서 새 언약 아래에서는 외적인 규칙보다 내적인 변화 즉 성령의 인도하심이 중요합니다. 그러므로 때로는 힘들고 지칠 때도, 성령님과 동행하며 마음의 땅을 갈고, 말씀의 씨를 뿌리고 가꾸어야 합니다.

그럴 때 우리의 삶에 맺히는 열매는 단순한 행위의 결과가 아니라, 성령님이 우리 안에서 이루신 새 언약의 열매가 됩니다. 이렇게 맺힌 열매를 주님께 올려드릴 때, 하나님은 기쁨으로 받으시고 우리를 더욱 예수님의 형상으로 빚어 가십니다.

이 과정의 시작은 먼저 마음의 땅을 정리하는 일입니다. 예레미야 4장 3절은 "너희 묵은 땅을 갈고 가시덤불에 파종하지 말라"고 말씀하시며, 호세아 10장 12절도 동일하게 마음의 땅을 기경할 것을 촉구합니다. 마음을 기경한다는 것은 단단하게 굳어진 교만과 완고함을 회개로 깨뜨리고 낮추는 것을 의미합니다. 딱딱한 땅이 하늘의 비를 충분히 받아야 씨앗을 품을 수 있듯, 우리의 마음도 성령의 단비가 임할 때 부드러워집니다. 이 생수는 말씀을 소리 내어 많이 읽을 때 임하며, 성령께서 회개의 영으로 완악한 마음을 녹여 주십니다. 죄와 세속적 욕심, 상처와 완고함을 그대로 두면 말씀은 뿌리내릴 수 없습니다. 따라서 성령의 빛 앞에서 마음의 잡초와 돌, 가시덤불 같은 죄를 제거해야 합니다.

땅을 기경한 후에는 씨앗을 뿌려야 합니다. 말씀은 하나님의 씨앗입니다. 회개로 갈아엎어진 마음 밭에 성경을 소리 내어 읽고 묵상하며 마음에 새길 때, 성령께서 믿음을 주시고 말씀에 반응하게 하셔서 씨앗이 심어집니다. 말씀을 단순히 듣는 데서 멈추지 않고 믿음으로 반응할 때, 씨앗은 생명을 움트기 시작합니다. 그러나 씨를 뿌렸다고 해서 자동으로 열매가 맺히는 것은 아닙니다. 계속해서 물을 주고 잡초를 제거하는 수고가 필요합니다.

바울은 고린도전서 3장 6-7절에서 "나는 심었고 아볼로는 물을 주었으되 오직 하나님께서 자라나게 하셨다"고 증언합니다. 말씀을 소리 내어 읽고, 그 말씀을 붙잡고 기도하며, 삶 속에서 믿음으로 반응하는 것이 물을 주는 일입니다. 동시에 세상의 염려와 쾌락, 탐심 같은 가시덤불을 뽑아내야 합니다. 농부가 작물을 병충해에서 지키듯, 우리 마음에도 말씀의 빛을 비추고 드러나는 죄마다 회개하며 제거해야 합니다. 이러한 훈련과 인내가 영적 농사의 핵심입니다.

시간이 지나면 성령께서 역사하셔서 마음 안에 사랑, 희락, 화평, 오래 참음, 자비, 양선, 충성, 온유, 절제의 열매를 맺게 하십니다. 여기에 정직과 용기, 겸손까지 더해집니다. 중요한 것은 이 열매들이 우리의 노력으로 억지로 만들어지는 것이 아니라는 점입니다. 우리의 몫은 땅을 갈고 씨를 심고 가꾸는 순종의 수고일 뿐이며, 자라게 하시는 분은 하나님이십니다.

그러나 많은 사람들이 실수하는 부분은, 말씀을 소리 내어 회개 기도를 드리고 나서 바로 열매를 거두려 한다는 것입니다. 물론 때로는 문제 해결의 은혜가 즉각 임하기도 합니다. 그러나 대부분은 하나님의 때를 기다리는 인내가 필요합니다. 시편 126편 5-6절은 "눈물을 흘리며 씨를 뿌리는 자는 기쁨으로 거두리로다"라고 말씀하십니다. 여기서 눈물은 간절한 회개의 눈물과 기도의 눈물을 뜻하며, 씨를 뿌리는 것은 믿음과 순종의 씨를 심는 것을 의미합니다. 결국 하나님께서는 반드시 기쁨의 열매로 갚으십니다.

마음의 밭을 기경하고 씨를 뿌려 가꾸며 열매를 거두는 모든 과정은 전적인 하나님의 은혜로만 가능합니다. 제 삶을 돌아보면, 구원은 이미 예수님께서 완성하신 일이었고, 제가 한 것은 단지 믿음으로 말씀을 소리 내어 읽으며 회개의 은혜를 구한 것뿐이었습니다. 그런데 성령께서 제게 내려놓을 수 있는 은혜를 주셨고, 자연스럽게 마음과 행실에서 변화의 열매가 맺히게 하셨습니다. 저는 다 이루어 놓으신 속죄의 은혜를 믿고 말씀을 소리 내어 읽으며 죄 사함을 구했습니다. 그때 속죄 은혜의 능력이 제 마음과 삶 가운데 실제로 나타났습니다. 그때 "오직 의인은 믿음으로 말미암아 살리라"(합 2:4, 롬 1:17, 갈 3:11)는 말씀이 제 마음에 레마로 다가왔습니다.

꾸준히 속죄의 은혜에 믿음으로 반응할 때 하나님은 우리가 기도하며 내려놓은 죄목들을 다양한 환경 속에서 시험하십니다. 이때 중요한 것은 예전처럼 "다시는 죄를 짓지 말아야지" 하고 스스로 애쓰며 의롭게 되려는 노력을 멈추는 것입니다. 대신 있는 모습 그대로 주님께 나아가 연약함을 인정해야 합니다. 그런 죄인을 위해 주님께서 십자가에 달리시고 부활하셨음을 믿으며 그 문제를 주님께 맡겨야 합니다. 그리고 이렇게 기도해야 합니다. "주님의 거룩하고 의로운 성품으로 제 안의 죄된 본성을 새롭게 교체해 주옵소서."

하나님 앞에서 죄된 모습을 외면하지 말고 피하지 말아야 합니다. 정직하게 십자가 앞에서 직면하고 내려놓을 때 참된 변화가 시작됩니다. 끝까지 주님을 신뢰해야 합니다. 말씀을 소리 내어 읽고 회개의 은혜를 구하며 믿음으로 반응해야 합니다. 그럴 때 성령께서 우리의 옛 성품을 거두고 그리스도의 성품으로 새롭게 옷 입혀 주십니다. 그제야 회개하기 전에는 도무지 이길 힘이 없던 죄와 정욕이 믿음을 통해 쉽게 이겨집니다.

그러므로 열매가 금방 나타나지 않아도 인내해야 합니다. 끝까지 믿음으로 나아가는 사람은 결국 승리의 열매를 거둡니다. 오래된 악습은 뿌리가 깊어 시간이 걸릴 수 있습니다. 그러나 포기하지 않고 믿음으로 반응하면 하나님의 은혜가 반드시 우리의 삶을 변화시킵니다. 그리고 마침내 그리스도의 형상을 드러내는 열매로 이어지게 됩니다.

3. 그리스도인들이
   가장 많이 짓는 죄와 회개의 적용

우리가 거듭난 후에 지은 죄는 회개할 때에만 예수 그리스도의 보혈로 용서받을 수 있습니다. 회개하지 않은 채 무조건적인 은혜로 죄 사함을 얻는 것은 성경이 가르치는 바가 아닙니다. 이스라엘 백성이 출애굽하여 구원받은 후에도 우상숭배와 음행, 원망으로 인해 멸망당한 사건은 우리에게 주신 경고입니다(고전 10:5-11 참조). 예수님께서도 열매 맺지 않는 나무는 불에 던져진다고 하셨고(마 3:10, 7:19 참조), 바울도 믿음에서 떠난 자들이 있다고 증언했습니다(딤전 1:19, 4:1 참조). 회개하지 않는 자는 천국에 들어갈 수 없습니다(계 21:8 참조).

성경이 말하는 악인은 단순히 하나님을 모르는 불신자가 아니라, 하나님을 믿으면서도 죄의 종으로 살며 회개하지 않는 사람들입니다. 예수님을 믿고 구원받았더라도 죄를 회개하지 않으면 죄 사함을 받을 수 없으며, 계속 죄 가운데 거하면 결국 어둠의 영에 묶여 자유를 잃게 됩니다. 그러나 속죄의 은총을 힘입어 진심으로 회개할 때, 죄의 결박이 풀리고 자유와 평강을 누리게 됩니다.

하나님께서는 먼저 말씀을 보내셔서 죄를 깨닫게 하시고 회개로 이끄십니다(시 107:20 참조). 그러므로 우리는 말씀을 소리 내어 읽으며 죄를 자백하고 주님의 통치권에 순종해야 합니다. 다윗도 말씀으로 위로를 얻고 생명을 얻었다고 고백했습니다(시 119:50 참조). 말씀을 붙잡고 회개하는 사람만이 죄의 결박에서 풀려날 수 있습니다.

다윗은 간음과 살인의 죄를 지었지만, 나단 선지자의 책망 앞에서 즉시 엎드려 회개했습니다. 그는 눈물로 죄를 자백하며 하나님의 긍휼을 구했습니다.

"하나님이 구하시는 제사는 상한 심령이라"(시 51:17).

이 겸손한 회개로 인해 다윗은 다시 회복되었고, 하나님의 마음에 합한 사람으로 남게 되었습니다.

반면 사울 왕은 자신의 죄를 지적받았을 때 변명하고, 사람들의 시선을 더 의식했습니다. 입술로는 회개를 말했지만 마음은 돌이키지 않았습니다. 그 결과 하나님께 버림받고 악한 영에게 사로잡혀 비참

한 결말을 맞이했습니다. 이처럼 회개는 입술의 말이 아니라, 마음의 방향을 하나님께로 돌리는 행위입니다.

베드로는 예수님을 부인했지만, 베드로는 통곡하며 회개했고 다시 회복되어 사도가 되었습니다. 그러나 가룟 유다는 예수님을 배신하는 죄를 지었습니다. 가룟 유다는 죄책감에 눌려 스스로 생명을 끊었고, 결국 회개의 자리로 돌아오지 못했습니다. 죄는 누구나 범할 수 있지만, 회개는 깨닫고 회심하는 것이며 선택입니다. 진심으로 회개하는 자는 다시 살지만, 회개하지 않는 자는 스스로 멸망의 길로 갑니다.

"주께서 심지가 견고한 자를 평강하고 평강하도록 지키신다" (사 26:3).

꾸준히 믿음으로 말씀을 소리 내어 읽으십시오. 회개의 은혜를 구하고 속죄의 은혜에 믿음으로 반응하십시오. 그럴 때 죄에서 자유와 평강을 얻게 됩니다. 다윗이 "죄가 머리털보다 많다"고 고백했듯 우리도 다르지 않습니다. 그러므로 회개는 미룰 일이 아닙니다. 지금 이 순간, 어린아이 같은 마음으로 말씀을 소리 내어 읽으십시오. 그리고 회개하십시오. 그럴 때 죄 사함의 은혜와 참된 평강을 누리게 될 것입니다.

성경은 회개가 단순히 죄를 인정하는 차원을 넘어, 죄의 뿌리를 드러내고 끊어내며 하나님의 말씀과 은혜로 대체하는 과정임을 가르칩니다. 말씀을 소리 내어 읽을 때 성령께서 우리 안에 숨어 있는 죄와 어둠을 드러내시고, 자백과 믿음의 선포를 통해 참된 자유를 주십니다. 아래 대표적인 죄 16가지와 회개의 적용을 살펴보겠습니다.

1단계 : 마음과 의지의 죄(내적 중심, 자기중심과 욕망)

① 자기중심을 내려놓지 못하는 죄

하나님께 내 삶의 주권을 드리지 않고 스스로 주관하려는 태도는 모든 죄의 근본 뿌리입니다. 하나님의 뜻보다 자기 욕망과 이익, 감정을 앞세우는 것이 곧 "자기를 부인하고 자기 십자가를 지라"는 예수님의 명령을 거부하는 태도입니다.

자기중심성은 하나님보다 나를 우선시하는 교만입니다. 내 생각이 옳다고 주장하며 하나님의 말씀을 내 판단으로 재단합니다. 남에게 인정받기 위해 신앙생활을 합니다. 손해 볼까 두려워 순종을 미루거나 거부합니다. 다른 사람을 비판하면서 자신은 의롭다고 여기는 위선과 판단이 나타납니다. 상황과 사람을 통제하려는 조급함과 완고함이 드러납니다. 하나님께 맡기지 못하고 스스로 해결하려 애쓰는 불신앙과 두려움이 있습니다. 자기만족과 편안함을 위해 관계와 상황을 이용하는 이기심으로 드러납니다.

　이 모든 것은 주님이 "자기를 부인하라"는 말씀에 불순종한 결과입니다. 결국 탐욕, 분노, 시기, 원망, 음란, 게으름, 비교의식 등 모든 죄가 여기서 자라납니다. 자기중심성을 내려놓지 않으면 복음을 머리로만 알고, 삶에서는 계속 죄의 종노릇을 하게 됩니다.

● 회개 적용기도

"주님,
제 중심대로 살며 말씀보다 제 감정과 욕심을 앞세웠습니다.
이제 제 자아를 내려놓고 주님 중심으로 살기를 원합니다. 주님,
긍휼을 베풀어 주시고 속죄 은혜로 제 중심적인 죄를 용서하여 주옵소서.
예수님의 이름으로 기도합니다. 아멘."

　꾸준히 말씀을 소리 내어 읽으며 주권을 하나님께 돌려드리는 믿음의 반응을 할 때 내 중심적인 죄의 결박을 풀어 자유롭게 해주실 줄 믿습니다.

② 십자가 대신 자기 의를 세우는 죄

자기 의는 십자가 대신 스스로 의롭게 서려는 죄입니다. 스스로 괜찮다고 여기며 남과 비교합니다. 자기를 높이고, 사람들 앞에서 의롭게 보이려 하지만 하나님 앞에서는 교만하게 됩니다.

"하나님의 의를 모르고 자기 의를 세우려고 힘써 하나님의 의에 복종하지 아니하였느니라"(롬 10:3).

이 죄는 이렇게 나타납니다. 남의 시선과 평가에 따라 자기 가치를 판단합니다. 은혜보다 노력과 행위로 하나님께 나아가려 합니다. 자신이 선한 일을 했다고 스스로를 의롭게 여깁니다. 위선과 겉모습으로 신앙을 포장합니다. 다른 사람의 약함을 판단하며 자신은 의롭다고 착각합니다.

이처럼 자기 의를 세우는 마음은 십자가의 능력을 부정하고, 복음의 자유를 누리지 못하게 합니다. 그러므로 말씀을 소리 내어 읽고 묵상할 때, 우리 안에 숨겨진 위선과 자기 의가 드러나면 반드시 그것을 십자가 앞에 내려놓아야 합니다.

"화 있을진저 외식하는 서기관들과 바리새인들이여 회칠한 무덤 같으니 겉으로는 아름답게 보이나 그 안에는 죽은 사람의 뼈와 모든 더러운 것이 가득하도다. 이와 같이 너희도 겉으로는 사람에게 옳게 보이되 안으로는 외식과 불법이 가득하도다"(마 23:27-28).

빌립보서 3장 9절 말씀처럼 "믿음으로 하나님께로부터 난 의"를 붙들어야 합니다. 내 의를 십자가에 못 박고 그리스도의 의로 대체하는 믿음의 반응을 해야 합니다. 이 죄를 회개하고 십자가의 의로 설 때, 영혼은 자유를 경험합니다. 마음과 행동이 점점 하나님 중심으로 변화됩니다. 위선과 가식이 제거됩니다.

● 회개 적용기도

"주님,
제 의를 세우며 사람들 앞에서 의롭게 보이려 했습니다.
위선과 가식으로 살아온 삶을 용서하소서. '내 속에서 나를 높이고 자랑하게 하는 더러운 영아 예수 그리스도의 이름으로 명하노니 떠나갈지어다.'
이제 십자가의 의만 의지하며 주님 앞에 나아갑니다.
내 안에 계신 주님만 나타나셔서 영광 받으시옵소서.
예수님의 이름으로 기도합니다. 아멘."

③ 목에 힘주고 자존심만 내세우는 죄

교회의 머리는 오직 예수 그리스도이십니다. 성령을 모시고 주 안에서 신앙 생활하는 영혼들이 교회입니다. 교회가 그리스도께 순종하려면 "주님 뜻대로 하시옵소서" 하고 주권을 하나님께 드려야 합니다.

그러나 마음이 교만하고 완고하면 자아 중심로 살게 됩니다. 결국 목의 힘줄이 쇠가 되고, 이마가 놋처럼 굳어지는 영적 상태에 이릅니다(사 48:4 참조). 이마가 놋이 되면 하나님께서 인을 치실 수 없습니다(계 7:3 참조). 목이 쇠처럼 굳어지면 머리 되신 예수님의 말씀에도 순종할 수 없습니다.

교만은 자기 힘과 자존심을 의지하고 하나님을 의뢰하지 않는 것입니다. 완고함은 마음을 굳게 닫아 말씀과 권면을 거부하는 태도입니다. 교만한 자는 영광을 하나님께 돌리지 않고 자기 명예, 체면, 인정받음을 더 중요하게 여깁니다. 성령은 이런 자들을 향해 "목이 뻣뻣한 백성"(출 32:9 참조)이라고 경고하십니다.

이러한 교만에서 벗어나는 길은 높은 마음과 행실을 십자가에 못 박고 주님의 품 안으로 들어가 성령으로 행하는 것입니다. 자기 부인과 자기 포기를 통해 소유, 권리, 자존심까지도 내려놓아야 합니다. 외식적인 겸손이 아니라 정직하게 교만을 인정하고 드러낼 때 사탄은 폭로되어 떠나갑니다.

회개하지 않은 죄는 그냥 사라지지 않습니다. 하나님은 풀무불 같은 연단을 통해 우리 안의 불순물을 태우십니다. 말씀과 성령의 불로 교만, 완고함, 죄성을 깨뜨리고 정금같이 순결하게 만드십니다(슥 13:8-9, 단 12:10, 히 12:11, 계 3:18 참조). 연단은 하나님의 사랑의 손길이며, 우리를 정결하게 하고 하나님께 합당한 그릇으로 세우기 위한 과정입니다.

하나님은 사랑하는 자를 징계하십니다(히 12:6 참조). 회개에 민감할수록 즉각 징계를 통하여 돌이키게 하십니다. 그러나 징계가 전혀 없다면 하나님의 품을 떠난 위험 신호입니다.

하나님은 겸손한 자에게 은혜를 베푸십니다(약 4:6, 잠 3:34 참조). 세상적 겸손은 단순히 태도의 낮춤이지만 성경적 겸손은 자아가 십자가에서 죽는 것입니다. 최고의 겸손은 자기를 부인하고 자기 포기하며 십자가를 수용하는 것입니다. 내 생각, 고집, 자존심을 내려놓고 하나님의 뜻과 영광만을 선택하는 것이 겸손입니다(갈 2:20, 빌 2:6-8 참조). 억울한 상황에서도 주님처럼 침묵하며 하나님께 모든 것을 맡기고, 사람의 인정보다 하나님의 영광을 선택해야 합니다.

● 회개 적용기도

"주님,

제 안에 교만과 완고함이 있습니다.

목에 힘주고 자존심만 내세운 죄를 용서해 주옵소서.

제가 낮아져 오직 주님의 은혜와 말씀만 의지하게 하소서. 내 안에 살아있는 교만와 완고한 마음을 십자가에 못 박고, 주님의 뜻에 순종하는 겸손한 자 되게 하옵소서.

'마음 깊이 쓴 뿌리를 내리고 있는 교만하고 완고한 영은 예수 그리스도의 이름으로 명하노니 떠나갈지어다.'

날마다 제가 죽고 오직 예수님만 드러나게 하시며,

겸손한 마음으로 주님만 의지하게 하옵소서.

예수님의 이름으로 기도합니다. 아멘."

④ 탐심과 음란의 죄

탐심은 끝없는 욕망입니다. 하나님이 주신 것에 만족하지 못하고 더 많이, 더 좋게, 더 높게 가지려는 끝없는 갈망입니다. 바울은 탐심을 우상숭배라 했습니다(골 3:5 참조). 재물, 성공, 쾌락, 인정 등을 하나님보다 더 사랑하는 모든 것이 우상입니다.

인간은 본래 하나님으로부터 만족하게 지음을 받았습니다(창 1:27 참조). 그래서 세상 정욕으로는 결코 만족할 수 없습니다. 탐심에 사로잡히면 결국 마귀의 노예가 됩니다(요일 2:16 참조). 육적, 영적 음란은 탐심의 열매입니다. 탐심은 욕망의 충족이고, 음란으로 발현됩니다.

탐심을 버려야 음란 문제도 해결됩니다.

바울은 "배를 자기 신으로 삼는 자"라 표현했습니다(빌 3:19). 땅의 욕망을 좇는 삶이 곧 음란과 탐욕의 숭배임을 보여줍니다. 결국 탐심은 마음의 우상을 세우고, 음란은 그 우상을 따라 사는 실제적 행위입니다. 탐심과 음란의 결과는 우상숭배입니다. 우상숭배는 하나님의 사랑과 은혜를 배신하는 행위입니다. 저주의 영을 불러옵니다(출 20:4-5, 골 3:6 참조).

우상은 영적 배설물과 같습니다. 그곳에 악령들이 기생하며 영혼을 서서히 죽입니다. 아무리 마귀를 대적해도 또 들어오는 이유는 마음속에 있는 탐심의 배설물을 십자가에 못 박지 않았기 때문입니다.

탐심과 음란에서 벗어나는 길은 오직 회개입니다. 회개는 인간의 힘으로 할 수 없습니다. 그래서 회개의 은혜를 구해야 합니다. 제 경험으로는 가장 회개가 잘 되는 방법은 말씀을 소리 내어 읽는 것이었습니다. 죄목을 놓고 회개의 은혜를 구하며 마음 안에 있는 탐욕들을 꺼내 버리십시오. "예수님 외에 내가 가장 사랑하고 의지하는 것"이 무엇인지 점검하고, 십자가 앞에 내려놓으십시오.

그리고 하나님이 주신 것에 감사하고 만족하는 법을 배워야 합니다(빌 4:11 참조). 세상의 썩어질 것으로가 아니라 영원한 천국의 것으로 마음을 채워야 합니다. 예수 그리스도는 말씀이십니다. 탐심이 뿌리 뽑힌 자리에 말씀을 심으십시오. 그러면 귀신이 더 이상 들어와 지배하지 못합니다.

  말씀을 소리 내어 읽으며, 성령께서 영의 귀와 마음을 열어 주시도록 기도하십시오. 하나님보다 세상을 더 사랑한 죄, 끝없는 욕망으로 재물과 쾌락과 인정을 좇은 죄, 마음속에 우상을 품고 음란에 빠진 죄, 남의 것을 탐내고 빼앗고 싶었던 죄, 자족하지 못하고 불평했던 죄들을 찾아서 회개하십시오.

● 회개 적용기도

"주님,
제 안에 탐심과 음란의 죄가 있음을 고백합니다.
하나님보다 세상을 사랑하고, 끝없는 욕망을 좇으며 우상을 섬긴 죄를 용서하소서.
속죄 은총에 대한 믿음의 반응을 하며 성령으로 살지 못한 죄를 용서하소서.
제 안의 정욕과 음란을 십자가에 못 박아 주시고,
주님만으로 만족하게 하소서.
세상의 썩어질 것을 버리고,
오직 주님의 말씀과 천국의 것으로 제 마음을 채우게 하옵소서. '내 안

에 뿌리내린 탐심과 음란의 영은 예수 그리스도의 이름으로 명하노니 떠나갈지어다.'

오직 주님 한 분만 사랑하며 신부의 정결함으로 주님 앞에 서게 하옵소서.

예수님의 이름으로 기도합니다. 아멘."

⑤ 두려움과 정신적 혼란의 죄와 회복

두려움과 정신적 혼란은 단순한 감정이 아닙니다. 영적, 심리적, 신체적 요인이 복합적으로 작용하는 현상입니다. 그 원인은 크게 세 가지입니다.

● 영적 요인 : 하나님께 온전히 순종하지 않고 자기 의와 자아 중심으로 살 때, 사탄이 틈타 두려움과 불안을 조장합니다. 재물을 의지하고 교만할 때 하나님은 두려움을 보내어 교만과 의존을 깨뜨리십니다(렘 49:4-5 참조).

● 심리적·관계적 요인 : 트라우마, 관계 갈등, 과도한 스트레스는 정신을 압도하고 두려움을 만듭니다. 이때에도 마귀가 역사합니다. 따라서 관계 문제와 내면 상처를 풀고 회개해야 치유가 일어나고 마귀의 역사가 끊어집니다.

● 신체적 요인 : 뇌 기능 이상이나 질병으로 인한 불안·공황은 의학적 치료가 필요합니다. 그러나 그 속에서도 어둠의 영이 역사하기 때문에 영적 점검과 회개가 필요합니다. 그리스도인에게는 삶의 문제와 증상 속에는 반드시 하나님의 메시지가 있습니다.

두려움에 사로잡히면 불안, 강박, 공황으로 확대됩니다. 결국 하나님보다 상황에 묶이고, 사탄의 통치 아래 들어갑니다. 성경은 두려움을 믿음 부족과 불순종의 열매로 가르칩니다. 재물과 자기 의에 의지하며 교만할 때 하나님은 두려움을 보내어 우리의 교만을 깨뜨리십니다.

따라서 두려움과 혼란에서 벗어나는 길은 회개와 순종입니다. 마음을 하나님께 돌리고 자기중심과 불순종을 내려놓으십시오. 말씀을 붙들고 믿음으로 순종할 때 두려움은 떠나가고 마음이 자유해 집니다.

우리 마음이 진정으로 하나님을 주인으로 모시고 순종하면, 그 어떤 것도 두렵게 할 수 없습니다. 죄를 짓게 하고 두려움을 주는 존재는 사탄입니다. 두려움을 느낀다는 자체가 이미 주님 품에서 벗어났다는 증거입니다. 예외로 주님 안에 거해도 영전이 현상이 나타날 때는 일시적으로 두려움을 느끼는 경우도 있습니다.

성경은 두려움과 불안의 상태를 이렇게 묘사합니다.

"네 마음의 두려움과 눈이 보는 것으로 말미암아 아침에는 이르기를 아하 저녁이 되었으면 좋겠다 할 것이요, 저녁에는 이르기를 아하 아침이 되었으면 좋겠다 하리라"(신 28:67).

"이러므로 네 눈에 보이는 일로 말미암아 네가 미치리라"(신 28:34).

여기서 '미친다'는 표현은 정신적 불안정, 혼란, 압도되는 두려움을 의미하며, 불순종으로 인한 저주의 한 모습입니다. 불순종은 작은 일에도 과도한 불안, 늘 마음에 평안이 없고(레 26:36 참조), 의심과 피해망상, 밤에도 잠을 이루지 못하는 상태 등으로 나타납니다. 결국 마음이 지쳐 '미친 것 같은 상태'에 이르며, 이는 하나님의 징계이자 회복을 위한 신호입니다.

회복의 길은 회개와 순종입니다. 하나님께 돌아와 죄를 내려놓고 말씀 안에 거할 때, 두려움 대신 평강과 안정이 임합니다. 불순종은 저주의 통로라면 순종은 평강의 통로입니다.

마음이 불안하고 두려울 때 성령님께 마음을 열고 말씀을 소리 내어 선포해 보십시오. 말씀을 소리 내어 많이 읽으면 빛이 임하고 불안과 두려움을 주던 어둠의 영은 떠나고 평안이 찾아옵니다. 두려움은 영적 싸움의 현상이며, 회개와 믿음으로만 다스릴 수 있습니다.

"사랑 안에 두려움이 없고 온전한 사랑이 두려움을 내쫓나니"(요일 4:18).
"여호와는 나의 빛이요 나의 구원이시니 내가 누구를 두려워하리요"(시 27:1).

"하나님이 주신 것은 두려워하는 마음이 아니요 오직 능력과 사랑과 절제하는 마음이니"(딤후 1:7).

"아무 것도 염려하지 말고 다만 모든 일에 기도와 간구로 너희 구할 것을 감사함으로 하나님께 아뢰라. 그리하면 모든 지각에 뛰어난 하나님의 평강이 그리스도 예수 안에서 너희 마음과 생각을 지키시리라"(빌 4:6-7).

● **적용 회개기도**

"하나님 아버지,
제 마음을 사로잡은 두려움과 불안을 주 앞에 내려놓습니다. 이 두려움이 불순종과 사탄의 묶임임을 깨닫고 회개합니다.
제 마음에 두려움과 불안으로 가득 찬 죄를 고백하며,

그로 인해 평강을 잃고 작은 일에도 떨며 흔들린 제 모습을 주님께 아뢰입니다.

'모든 두려움과 정신적 혼란의 영은 예수 그리스도의 이름으로 명하노니 떠나가라'

제 마음을 주님의 십자가 앞에 내려놓습니다.

주님의 온전한 사랑과 보혈로 제 마음을 채우시고,

평강과 자유를 부어 주옵소서.

이제 제 영혼이 더 이상 두려움에 매이지 않고,

말씀 안에서 담대함과 평안을 누리게 하옵소서.

주님,

제 마음을 새롭게 하시고 주의 능력과 사랑과 절제하는 마음을 부어 주옵소서.

오늘도 주님 안에서 자유와 평안을 누리며,

모든 두려움과 불안을 주님의 사랑으로 몰아내 주옵소서.

예수님의 이름으로 기도합니다. 아멘."

2단계 : 관계와 삶의 죄(대인, 세상, 물질)

⑥ 분노와 미움에 사로잡히는 죄

분노, 미움, 시기, 원망, 두려움, 절망 등은 모두 성령의 열매(사랑, 희락, 화평, 오래 참음, 자비, 양선, 충성, 온유, 절제)를 거스르는 감정들입니다(갈 5:17-23 참조). 이러한 감정이 우리 마음을 지배할 때 우리는 하나님의 다스림이 아닌 사탄에게 마음을 내어주는 것입니다.

특히 분노와 미움은 스스로 통제하지 않으면 다른 죄를 낳고 관계를 파괴합니다(약 1:20 참조). 나쁜 감정과 죄가 반복적으로 올라온다면 그것은 이미 마음속에 쓴뿌리(영)가 자리 잡고 있는 상태입니다. 이때는 단순한 다짐으로는 끊어지지 않으며, 말씀을 소리 내어 읽고 작정하여 회개기도를 드려야 합니다.

분노와 미움은 그 뿌리가 탐욕과 자기중심성에 있습니다. 내 뜻대로 되지 않으니 화가 나고, 상대를 미워하며, 반복적으로 원망이 올라옵니다. 그러나 이런 마음은 결국 나 자신을 묶어 두고 더 깊은 상처와 죄의 사슬을 만듭니다. 기회만 주어지면 올라오는 분노의 근원을 찾아 말씀을 소리 내어 읽는 방법으로 회개의 은혜를 구해보십시오.

그리고 평소에 분노가 올라올 때마다 갈라디아서 5장 22-23절에 나오는 성령의 열매를 반복 선포하며 악한 감정을 주님의 성품으로 교체해 달라고 기도하십시오.

- 회개 적용기도

"주님,
제 마음에 분노와 원망과 두려움이 있습니다.
이것이 탐욕과 자기중심성에서 비롯되었음을 깨닫습니다. 주님, 제 안의 모든 욕심을 거두어 주소서.
주님의 십자가 앞에 저의 감정과 상한 마음을 내려놓습니다. '내 안에 뿌리내린 분노의 영은 예수 그리스도의 이름으로 명하노니 떠나가라.'
성령으로 제 마음을 새롭게 하시고,
모든 사람에게 아가페의 사랑과 주 안에서 화평을 주옵소서.
제 입술과 행동이 주님 앞에 거룩하게 하소서.
예수님의 이름으로 기도합니다. 아멘."

⑦ 시기와 질투의 죄

- 시기·질투의 심각성

시기와 질투는 영혼을 사탄에게 내어주는 위험한 죄입니다. 가인이 아벨을 죽인 사건, 사울이 다윗을 질투한 사건처럼 타인을 해치고 관계를 깨뜨리는 강력한 도구가 됩니다(약 3:16 참조). 시기심은 교회, 가정, 직장 어디에서나 다른 사람의 은사, 인정, 칭찬을 볼 때 쉽게 올라옵니다.

● 시기·질투의 작동 원리

시기심을 회개하지 않으면 마음 문이 닫히고 사탄이 생각을 부추겨 행동으로까지 이끕니다. 시기심은 '비교'에서 나오며, 비교 자체가 자아 중심적입니다. 결국 하나님이 주신 은혜와 몫을 인정하지 못하게 하고, 감사와 사랑을 빼앗아 하나님의 주권에 도전하게 만듭니다.

● 시기·질투를 이기는 길

시기가 올라올 때 즉시 회개하고, 예수님의 십자가만 자랑하십시오. 예수님이 우리의 참 보화이심을 고백하고 그분 안에서 만족을 구하십시오(고후 12:9-10 참조). 말씀을 소리 내어 읽고, "즐거워하는 자들과 함께 즐거워하고…"(롬 12:15)를 선포하며 다른 사람을 축복하면 성령께서 마음을 새롭게 하십니다.

지속적으로 시기·질투에서 벗어나려면 그 문제를 주님께 맡기고, "나는 예수님과 함께 십자가에서 죽었다." 선포하며 자아와 욕망을 십자가에 내려놓으십시오. 남과 비교하지 않고 자족하며 감사할 때 성령께서 실제로 마음을 변화시키십니다.

● 회개 적용기도

"주님, 제가 형제 자매를 시기하고 질투했습니다.
하나님의 은혜를 인정하지 못했고,
제 마음이 어두워졌습니다.
사랑은 시기하지 않는다고 하셨으니,
제 마음을 바꿔주세요.
다른 이의 형통을 보고 함께 기뻐하는 마음을 제 안에 주옵소서.
'내 마음 깊이 뿌리 내리고 있는 시기 질투의 영은 예수 그리스도의 이름으로 명하노니 떠나갈지어다.'
예수님의 이름으로 기도합니다 아멘."

⑧ 뇌물을 주고받는 죄

● 뇌물의 심각성

뇌물을 주면 판단이 왜곡되고, 뇌물을 받으면 양심이 더러워집니다(출 23:8, 신 16:19, 잠 17:23 참조). 하나님은 공의와 정의로 세상을 다스리시는데, 뇌물은 그분의 성품을 거스르는 죄입니다. 뇌물은 정직한 자를 해치고 약자를 울게 만듭니다.

● 뇌물이 주는 영적 영향

뇌물은 단순히 물질 문제가 아니라 양심과 공의를 무너뜨리는 심각한 죄입니다. 뇌물을 주는 자는 맘몬(돈)을 의지합니다. 반대로 뇌물을 받는 자는 양심이 무뎌지고, 하나님보다 사람과 이익을 두려워합니다. 결과적으로 영혼이 묶이고, 성령의 빛과 영의 분별력이 흐려집니다.

● 하나님 앞에서의 올바른 태도

하나님의 뜻에 합당하지 않은 물질은 주거나 받지 말아야 합니다. 성령의 감동으로 주고받는 '순수한 선물'만이 서로에게 유익합니다. 마음이 없는 헌금이나 거래적 헌신도 하나님께는 뇌물과 같습니다(사 1:11-13, 마 23:23 참조). 하나님은 물질보다 마음과 삶을 보십니다. 회개와 믿음을 기반으로 드릴 때만 향기로운 제물이 됩니다.

● 해결과 회복의 길

단순히 "용서해 주세요"로 끝나지 말고, 잘못된 관계나 물질 거래가 있다면 돌이켜 바로잡고 주권을 하나님께 맡기십시오. 물질을 순수한 동기와 사랑으로 사용하고, 성령의 감동 안에서 행해야 합니다. 그렇게 할 때 하늘에 쌓이는 값진 보화가 되어 영원한 상급이 됩니다.

● 회개 적용기도

"주님,

제가 뇌물을 주고받으며 하나님의 공의를 무너뜨렸습니다.

맘몬을 의지하고 사람을 두려워했습니다.

이 죄를 용서해 주시고 다시는 뇌물에 손대지 않게 하옵소서.

주님만 의지하며 성령 안에서 공의롭게 살게 하옵소서.

저를 십자가의 피로 깨끗하게 씻어주옵소서(잠 15:27, 28:13 참조).

'내 유익을 위해 뇌물을 주고받게 한 마귀는 예수 그리스도의 이름으로 명하노니 떠나가라.'

예수님의 이름으로 기도합니다 아멘."

⑨ 재물을 하나님보다 더 사랑하는 죄

● 죄의 본질

하나님보다 돈과 소유를 더 의지하고 사랑하는 것은 곧 맘몬이라는 거짓 신을 섬기는 우상숭배입니다(마 6:24, 딤전 6:10 참조). 탐욕과 물질 집착은 마음에서 기쁨과 감사, 평안을 빼앗고 불평과 비교심을 만들어냅니다. 결국 하나님이 아닌 돈을 삶의 주인으로 세우는 행위이며, 믿음의 눈을 가리고 영혼의 갈급함을 채우지 못하게 합니다.

● 혼적 생명의 결과

탐욕은 자족을 잃게 하고, 만족할 줄 모르는 마음으로 끊임없이 더 많이 요구하게 만듭니다. 그 결과, 하나님을 신뢰하기보다 스스로 인생을 책임지려 하며 두려움과 염려가 커집니다. 재물 사랑은 믿음을 무너뜨리고, 말씀보다 세상의 가치관을 따르게 만듭니다.

● 해결과 돌이킴

재물에 묶인 마음을 회개하고, 하나님만이 나의 공급자이심을 믿음으로 선포하십시오(고후 9:8, 히 13:5 참조). 탐욕스러운 옛사람은 십자가에서 이미 죽었다고 믿음으로 선포하고, 예수 그리스도의 성품으로 새롭게 살기 시작하십시오.

말씀을 소리 내어 읽고 묵상하며, 죄를 드러내어 자백하고 보혈로 깨끗하게 씻으십시오. 나눔과 구제를 통해 물질을 하나님 나라의 도구로 사용하면 탐욕의 결박이 끊어지고 자유를 경험하게 됩니다.

● 회개 적용기도

"주님,

제가 하나님보다 재물을 더 사랑했습니다.

탐욕과 집착에서 돌이켜 하나님만 섬기게 하옵소서.

탐욕스러운 옛사람을 십자가에 못 박아 죽여주시고,

예수 그리스도의 새 성품으로 거듭나게 하옵소서.

'하나님보다 재물을 사랑하게 하는 악한 영은 예수 그리스도의 이름으로 명하노니 떠나가라.'

주님만이 나의 공급자이심을 믿고 범사에 감사하며 살게 해주실 것을 믿습니다.

예수님의 이름으로 기도합니다. 아멘."

● 실제 적용

탐욕의 쓴뿌리가 뽑아질 때까지 말씀을 소리 내어 읽는 방법으로 회개의 은혜를 구하십시오. 일상에서 작은 것에도 감사하는 습관을 기르십시오. 헌금과 구제를 억지로가 아니라 기쁨으로 드리며, 하나님을 신뢰하는 훈련을 하십시오. 물질에 대한 두려움, 비교심, 욕심이 올라올 때마다 말씀을 선포하고 예수님의 이름으로 맘몬의 결박을 끊으십시오. 이렇게 할 때 마음이 물질에서 자유로워지고, 성령 안에서 참 만족과 평안을 누리게 될 것입니다.

⑩ 안목의 정욕(눈으로 짓는 죄)

● 죄의 본질

안목의 정욕은 눈으로 보고 탐내며 마음으로 짓는 죄입니다(요일 2:16, 마 5:28 참조). 음란물, 외모, 성적 욕망, 남의 소유·재물·성공에 대한 부러움, 세상의 화려함에 마음을 빼앗기는 것 등이 여기에 해당됩니다. 이것은 단순히 시각적 자극이 아니라, 영혼을 지배하는 욕망의 통로가 되어 마음과 양심을 더럽히고 성령의 빛을 가립니다.

● 눈의 영적 중요성

눈은 단순한 시각 기관이 아니라 마음을 여는 창입니다(마 6:22 참조). 눈을 통해 들어오는 음욕·탐욕·비교·세속적 욕망은 양심이라는 마음의 등불을 흐리게 합니다. 그 결과 성령의 빛이 흐려지고, 영의 분별이 약해져 하나님의 뜻을 따르기 어렵게 됩니다.

● 영적 결과

양심이 더러워지고, 죄책감은 둔해지며, 세속적 욕망이 점점 커집니다. 결국 성령의 감동이 사라지고, 하나님을 향한 갈망과 예배의 열정이 식습니다. 이 죄를 방치하면 영혼이 점점 어두워지고, 사탄이 더 쉽게 미혹할 수 있는 상태가 됩니다.

● 해결과 돌이킴

눈으로 짓는 죄를 깨달으면 즉시 회개하고, 죄의 뿌리를 끊어야 합니다. 실족하게 하는 영상·이미지·정보·관계를 과감히 제거하십시오(마 18:9 참조). 말씀을 소리 내어 읽고, 그 말씀을 마음에 새기고 믿음으로 반응하면 성령의 빛으로 양심이 깨끗해집니다(엡 5:26 참조).

눈을 지키는 것은 곧 마음을 지키는 것입니다(잠 4:23 참조). 미디어와 정보를 선별하고, 불필요한 것은 끊는 것이 영혼을 보호하는 길입니다.

● 회개 적용기도

"주님,

제 눈이 세상의 욕망에 이끌려 죄를 지었습니다. 양심이 흐려져 주의 빛을 보지 못했습니다.

제 눈을 주님께 고정시켜 주시고,

제 마음을 청결하게 하셔서 주님을 보게 하옵소서(시 119:37, 마 5:8 참조).

'눈으로 유혹하고 죄짓게 하는 더러운 귀신아! 예수 그리스도의 이름으로 명하노니 떠나가라.'

예수님의 이름으로 기도 드립니다 아멘."

⑪ 영적·육적 태만의 죄

● 영적 태만의 본질

하나님과의 관계에서 게으르고 방심하는 것이 영적 태만입니다. 말씀과 기도를 소홀히 하고 회개를 미루며, 성령의 감동을 무시하고 교회와 주어진 사명을 외면하는 것이 바로 태만입니다.

태만은 하나님의 은혜를 값싸게 여기게 만들고, 주님을 향한 사랑을 잃게 합니다. 결국 믿음을 약화시키고 세상 정욕으로 영혼을 잠들게 합니다(벧전 5:8 참조).

태만에서 벗어나기 위해서는 말씀을 소리 내어 읽고, 암송과 필사로 말씀을 마음에 새겨 그 빛으로 영혼을 깨워야 합니다.

● 육적 태만의 본질

일상 속 게으름, 불성실, 책임 회피, 자기중심적 삶과 기회주의, 육체적 쾌락 추구가 육적 태만입니다. 본질은 하나님이 맡기신 사명을 무시하는 것이며, 그 결과 영혼이 성장하는 시간과 기회를 낭비합니다. 또한 가정·교회·일터에서 맡겨진 일에 충실하지 못합니다.

육적 태만 역시 사탄의 유혹으로, 자기합리화와 안일함을 통해 삶과 영혼을 무너뜨립니다(잠 6:9-11).

● 태만의 영적 결과

영적·육적 태만은 결국 자기중심적이고 열매 없는 삶으로 이어집니다. 회개하지 않으면 심판을 받게 됩니다(마 25:26-30 참조). 사탄은 태만을 통해 영혼을 지배하고, 믿음과 순종을 방해합니다. 결국 하나님과 멀어지게 하여 죄의 종노릇을 하게 만듭니다.

● 태만에서 벗어나는 길

매일 말씀을 소리 내어 읽고, 기도로 하루를 시작하며, 성령님을 의지하고 깨어 기도하는 습관을 가져야 합니다. 수면 습관과 생활 리듬을 규칙적으로 관리하고, 성령의 도움으로 게으름을 극복하며 자신을 쳐 복종시키는 훈련이 필요합니다.

극복하기 어려울 때는 "예수님의 이름으로 태만의 영아 물러가라" 혹은 "예수 죽음 내 죽음, 예수 부활 내 부활"을 믿음으로 선포하십시오.

자기 유익만 추구하는 열심을 내려놓고 주님의 뜻에 순종할 때, 성령께서 태만의 뿌리를 끊고 새 힘을 공급하십니다. 이렇게 매일 깨어 성령을 따라가면 착하고 충성된 종으로 주님 앞에 설 수 있습니다(롬 12:11 참조).

● 실제 적용

매일 일찍 일어나 정한 분량의 말씀을 소리 내어 읽고, 충분한 기도로 하루를 시작하십시오. 잠과 휴식 시간을 절제하고 규칙적인 생활을 유지하십시오. 성령 안에서 맡은 사명을 충실히 수행하며 영과 육을 함께 훈련하십시오.

● 회개 적용기도

"하나님 아버지, 제 안에 있는 영적, 육적 태만을 회개합니다.
게으름과 안일함으로 주님께 충성하지 못한 죄악을 용서하소서.

성령 안에서 말씀을 소리 내어 읽고 기도하며,

맡은 사명을 충실히 수행하도록 도와주소서.

부지런히 주님을 섬기는 참 종이 되게 하옵소서.

예수님의 이름으로 기도합니다. 아멘."

3단계 : 영적·신앙적 죄 (형식에 머무는 신앙의 죄)

● 죄의 본질

형식적 신앙은 은혜보다 자기 노력과 결심을 의지하는 삶입니다. 겉으로는 기도하고, 예배드리고, 찬양하고, 헌금하고, 봉사합니다. 하지만 마음은 하나님께 향하지 않고 자기만족이나 사람의 인정을 구합니다.

성령의 은혜 대신 자기 힘으로 살기에 참된 영적 생명과 교제를 경험하지 못합니다 (갈 3:3).

● 형식적 신앙의 위험

행위만 강조하면 믿음은 기계적이고 무감각한 습관이 됩니다. 하나님의 은혜보다 인간적 노력에 의지할수록 영혼은 점점 메말라갑니다. 진정한 회개가 사라지고 성령의 역사에 둔감해집니다. 결국 신앙의 기쁨과 자유가 사라지고, 자기중심적인 신앙으로 흐르게 됩니다.

● 회개와 돌이킴

먼저 내 신앙이 형식에 매여 있음을 인정해야 합니다. 그리고 모든 행위와 결정을 성령의 인도 아래 두어야 합니다. 매 순간 자기 의지를 내려놓고 성령을 의지하십시오. 자기 힘으로 사는 것이 아니라, 예수 그리스도의 영으로 사는 삶을 선택해야 합니다.

● **회개 적용기도**

"주님,
제가 율법적이고 형식적인 신앙생활을 하며
성령을 의지하지 않고 내 힘으로 살았습니다.
은혜로 시작한 삶을 다시 은혜로 돌이키기를 원합니다.
성령의 능력으로 행할 수 있게 하시고,
나는 죽고 내 안에 계신 예수 그리스도의 영으로 살게 하옵소서. '예수 그리스도의 이름으로 명하노니 종교의 영은 떠나갈지어다.'
성령께서 내 마음과 의지를 사로잡아 그리스도께 복종시켜 주소서.
예수님의 이름으로 기도합니다. 아멘."

⑫ 하나님과의 호흡을 끊는 죄 - 영의 생명 회복

● 죄의 본질

사람은 육체만으로 살 수 없습니다. 하나님의 호흡, 곧 성령의 생명이 공급될 때 비로소 영적 존재로 살 수 있습니다(창 2:7). 말씀, 기도, 찬양, 성령과의 교제가 없으면 영이 숨 쉬지 못합니다. 숨기거나 회개하지 않은 죄, 염려, 탐심, 우상숭배는 영의 호흡을 막습니다. 그 결과 영의 생명이 약해지고 하나님과의 교제가 끊어집니다.

● 영의 호흡의 중요성

육체는 산소로 숨을 쉽니다. 영은 말씀과 기도, 성령의 교통으로 숨을 쉽니다. 죄와 세상에 묶이면 영의 호흡이 끊어지고, 살아 있어도 영이 죽은 상태가 됩니다. 바울은 "쉬지 말고 기도하라"(살전 5:17)고 권합니다. 말씀과 기도로 사는 것이 영의 호흡을 지키는 길입니다.

● 회개와 회복

숨긴 죄를 자백하고 성령의 호흡을 회복해야 합니다. 매일 말씀을 소리 내어 읽고, 기도로 영혼을 깨워야 합니다. 성령 안에서 움직이고 순종할 때 정상적으로 숨을 쉴 수 있습니다. 세상의 염려, 두려움, 시기, 미움, 탐심을 버리고 오직 성령으로 살아야 합니다.

● 회개 적용기도

"주님,
저를 흙으로 지으시고 생기를 불어넣으신 하나님을 찬양합니다.
하지만 제 죄와 염려와 욕심 때문에 성령의 호흡이 막혔음을 고백합니다.
숨기고 살았던 ㅇㅇ죄로 인해 성령과의 교제가 끊어졌습니다.
예수님의 보혈로 깨끗하게 씻어 주시고, 사탄의 결박을 끊어 주소서.
성령의 호흡으로 제 영을 새롭게 하시고,
예수님의 숨결로 다시 살아나게 하옵소서.
날마다 말씀과 기도로 호흡하며
성령 안에서 자유롭게 살게 하소서.
예수님의 이름으로 기도합니다. 아멘."

⑬ 악하고 부정적인 말의 죄 - 언어의 생명과 사망

● 죄의 본질

성경은 말이 생명과 사망의 권세를 가진다고 말합니다(잠 18:21). 마음에서 나온 부정적이고 악한 말은 자신과 주변을 묶고, 사탄의 도구가 됩니다(마 12:34-35 참조). 교만, 분노, 억울함이 쌓이면 정죄, 비난, 저주로 흘러나옵니다.

거짓말도 큰 죄입니다. 겉과 속이 다른 말, 인정받기 위해 자신의 정체성을 속이는 말은 사람을 두려워함에서 나옵니다(잠 29:25). 거짓말은 하나님의 성품(진리)과 반대이며, 마귀는 "거짓의 아비"입니다(요 8:44). 거짓된 말은 사탄의 영역을 열어 우리의 마음을 더 깊은 속박으로 끌고 갑니다.

● 언어의 영적 영향

선한 말은 성령의 역사로 생명과 자유를 낳습니다. 악한 말은 마귀가 붙들어 저주와 속박을 가져옵니다. 이스라엘 백성은 광야에서 원망과 불평으로 인해 약속의 땅에 들어가지 못했습니다(민 14:28 참조). 우리의 말 역시 삶의 방향을 결정하는 강력한 영적 힘을 가집니다.

예수님은 "내 말은 영이요 생명"이라고 말씀하셨습니다. 성령 안에서 하는 선한 말은 영혼을 살리고 새 힘을 줍니다. 반대로 마귀의 영에 붙들린 악한 말은 독이 되어 사람을 죽이거나 깊은 상처를 남깁니다. 결국 입술의 말은 마음의 거울입니다. 말에는 생명이 있어, 말로 인해 살기도 하고 죽거나 묶이기도 합니다.

● 회개와 회복

- 원인 직면 : 내 입술에서 나오는 악한 말, 거짓말의 뿌리를 살펴봅니다. 교만, 두려움, 상처가 근원임을 인정합니다.
- 회개 : 말씀을 소리 내어 읽고(롬 10:10 참조), 주님 앞에 숨김없이 나아가 회개합니다. 거짓과 부정을 주님께 드리고 용서를 구합니다(요일 1:9 참조).
- 정직의 회복 : 정직은 하나님이 기뻐하시는 제사입니다(시 51:6 참조). 정직할 때 하나님의 빛이 임하고 속박에서 자유하게 됩니다(요 8:32 참조).
- 언어의 변화 : 말이 씨앗임을 기억하고, 부정적·악한 말은 즉시 회개합니다. 억울함이 있어도 말씀을 붙잡고, 주님의 뜻에 맞는 말을 선택합니다. 성령의 도우심으로 입술을 생명의 도구로 사용하여 축복과 믿음을 선포합니다.

● 회개 적용기도

"주님,
제 입술이 죄의 도구가 되지 않고 성령의 도구가 되기를 원합니다.
제 마음을 말씀으로 비추셔서 거짓과 악한 말을 뿌리째 뽑아내 주십시오.

제 입술이 성령의 도구가 되어 생명의 말,

진리의 말을 하게 해주십시오.

'마음에 쓴뿌리를 내리고 입으로 독을 품어대는 악한 영아! 예수 그리스도의 이름으로 명하노니 떠나가라.'

정직하게 하나님의 빛 안에 거하게 하시고,

제 삶을 통해 주님의 영광이 드러나게 하옵소서.

예수님의 이름으로 기도합니다. 아멘."

⑭ 진리를 거부하는 귀의 죄 - 영의 귀 회복

● 죄의 본질

사람은 본성적으로 듣기 좋은 말, 욕심을 지지하는 말을 좋아합니다. 그러나 진리의 말씀은 거부하려 합니다. 진리를 거부하면 영혼은 점점 굶주리고, 사탄의 속박에 얽매이게 됩니다. 사탄은 영의 귀를 막아 회개의 기회를 빼앗습니다. 말씀을 왜곡하게 하거나, 졸게 하고, 잡생각으로 말씀을 빼앗습니다. 결국 진리를 듣기 싫어하는 마음은 영의 귀가 닫힌 상태이며, 사탄이 그 틈을 차지한 것입니다.

● 죄의 결과

말씀을 거부하면 영혼의 갈급함이 채워지지 않습니다. 영적 성장과 순종도 막히게 됩니다. 거부가 반복되면 말씀의 씨앗이 마음에 뿌려지지 못하고, 싹트지 않아 열매 맺지 못하는 삶이 됩니다.

● 회개와 회복

먼저 진리를 거부한 죄를 깨달아야 합니다. 말씀을 소리 내어 읽으며 영의 귀가 열리도록 기도하십시오. 영의 귀가 열리면 말씀이 달게 느껴지고, 그 말씀을 통해 영혼의 생명이 회복됩니다(시 119:103, 요 10:27 참조). 말씀을 반복해 읊조리며 회개하면 씨앗이 심어지고, 싹이 나고, 꽃이 피고, 열매가 맺힙니다.

● 회개 적용기도

"주님,
제가 듣고 싶은 말만 듣고 불편한 진리를 거부한 죄를 회개합니다.
제 귀가 완악하여 사탄이 틈타게 한 것을 용서하소서.
말씀 앞에 겸손히 서게 하시고,
주의 말씀의 맛을 알게 하소서.
말씀을 듣고도 행하지 않고 내 욕심을 따라 산 죄를 회개합니다.
'예수 그리스도의 이름으로 명하노니 성령의 음성을 듣지 못하도록 내

귀를 막고 있는 악한 영아! 당장 내게서 떠나갈지어다.'

성령님께서 제 귀를 감싸 주시고,

아침마다 주님의 음성을 배우는 자처럼 듣게 하시고,

말씀을 들을 때마다 깨닫고 순종하게 하옵소서.

예수님의 이름으로 기도합니다. 아멘."

● 실천 적용

아침마다 말씀을 소리 내어 읽습니다. 깨달은 말씀을 삶에서 즉시 적용합니다. 욕심과 세상의 소리에 흔들리지 않도록 말씀과 기도로 영의 귀를 훈련합니다. 말씀을 듣는 순간마다 회개하고 순종하여 영혼이 열매 맺도록 합니다.

⑮ 세상적 사고에 묶이는 죄 - 생각의 주권 회복

● 죄의 본질

하나님보다 세상적, 자기중심적 사고를 우선시하는 것이 죄의 본질입니다(롬 8:6-7 참조). 돈, 성공, 명예, 이익 중심으로 판단하고, 말씀보다 경험, 상식, 자기 계산을 앞세우는 태도입니다. 이러한 사고는 하나님의 주권과 성령의 인도를 무시합니다. 육신의 욕심과 자기중심적 결정을 강화합니다.

● 죄의 결과

세상적 사고에 묶이면 말씀을 믿음으로 적용하지 못하고, 영적 분별력이 흐려집니다. 판단과 선택이 하나님의 뜻보다 자기 편의와 계산에 따라 이루어집니다. 그러다보니 삶이 영혼의 성숙과 열매에서 멀어집니다.

● 회개와 회복

자신의 생각과 판단을 십자가 앞에 내려놓고, 성령의 생각으로 마음을 교체해야 합니다. 말씀을 소리 내어 읽고, 육신의 생각이 드러날 때마다 예수님의 이름으로 끊으십시오. 자아를 부인하고 믿음의 말씀을 선포할 때 하나님의 주권과 성령의 인도 아래서 생각하고 결정하는 삶으로 회복됩니다.

● 회개 적용기도

"주님,
제가 육신의 생각과 세상적 판단으로 결정하고 살아온 죄를 회개합니다.

이제 제 생각과 판단을 내려놓고,

성령께 순종하는 생각으로 바꾸기를 원합니다.

저는 스스로 선을 행할 능력이 없사오니,

주님께서 인간의 생각을 거두시고 그리스도의 마음을 제 안에 부어주소서.

'육신의 생각으로 사로잡고 세상으로 끌고 다니는 악한 영아! 예수 그리스도의 이름으로 명하노니 내게서 떠나갈지어다.'

성령께서 제 생각과 판단을 주관하시고 저를 날마다 말씀으로 새롭게 하옵소서.

예수님의 이름으로 기도합니다. 아멘."

● 실천 적용

날마다 말씀을 소리 내어 읽고 묵상하며 마음에 새깁니다. 세상적 판단이나 자기 중심적 생각이 나타날 때 즉시 예수님의 이름으로 끊고 성령의 생각으로 대체합니다.

빌립보서 4장 8절 말씀을 반복 선포하고, 성령 안에서 하나님의 관점과 마음으로 생각하도록 훈련합니다.

"형제들아 무엇에든지 참되며 무엇에든지 경건하며 무엇에든지 옳으며 무엇에든지 정결하며 무엇에든지 사랑받을 만하며 무엇에든지 칭

찬받을 만하며 무슨 덕이 있든지 무슨 기림이 있든지 이것들을 생각하라"(빌 4:8).

4. 묶고 푸는 권세를 사용하라

① 예수님이 교회에 위임하신 묶고 푸는 권세

"땅에서 묶는 것이 하늘에서도 묶이고, 땅에서 푸는 것이 하늘에서도 풀리리라"(마 18:18).

교회(믿는 자)는 말씀 안에서 성령으로 땅에서 올바르게 선포하고 행동할 때, 그 결정이 하늘에서도 승인됩니다. 마태복음 18장의 문맥은 교회의 징계와 용서, 화해에 관한 말씀입니다. 즉 교회가 합심해 올바른 결정을 내릴 때 하늘도 그 결정을 지지한다는 뜻입니다.

묶음(Binding)은 제한하거나 금지하는 권세입니다. 예를 들어 죄, 거짓, 악한 영, 잘못된 가르침 등을 "예수님의 이름으로 사탄과 죄의 권세를 묶는다."고 선포하고 제어하는 것입니다.

풀음(Loosing)은 자유케 하거나 해방시키는 권세입니다. 예를 들어

죄 사함 선포, 억눌린 자의 자유, 용서와 화해, 하나님의 은혜와 평강을 성령의 능력으로 흘려보내는 것입니다.

요한복음 11장 44절에서 예수님이 나사로를 살리시고 "풀어 놓아 다니게 하라"고 하신 것처럼, 교회는 사람들을 묶고 있는 죄와 저주의 사슬을 풀어 자유롭게 하는 역할을 해야 합니다.

예수님께서 묶고 푸는 것을 땅과 하늘과 연결한 것은 교회가 땅에서 말씀에 따라 바르게 묶고 풀 때 그 결정은 하늘의 권위와 일치하게 된다는 것입니다. 즉 우리가 내 뜻대로가 아니라 하나님의 뜻에 따라 선포할 때 하늘과 땅이 연결되는 것입니다.

"뜻이 하늘에서 이루어진 것 같이 땅에서도 이루어지이다"(마 6:10).

회개와 용서를 선포하고 "너희가 누구의 죄든지 사하면 사하여질 것이요"(요 20:23), 믿음의 반응을 할 때 죄책감과 정죄의 사슬이 풀립니다.

② 사탄의 묶임과 풀림 - 영적 원리와 실제

● 사탄의 묶임

우리가 죄를 지으면 사탄에게 문을 열어주는 것과 같습니다. 그 순간부터 영적인 묶임이 시작됩니다. 마음이 눌리고 평안이 사라집니다. 두려움과 정죄감이 밀려옵니다. 같은 죄를 반복하며 빠져나오지 못합니다.

죄의 예를 들어보면 더 분명합니다.

음란 → 수치심, 중독, 관계의 왜곡이 반복됩니다.
분노 → 관계가 깨지고, 죄책감과 우울이 찾아옵니다.
탐심 → 불안과 불만족, 끝없는 비교로 괴로워집니다.
거짓 → 양심이 무뎌지고 하나님과 멀어집니다.

성경은 이렇게 경고합니다.

"마귀에게 틈을 주지 말라"(엡 4:27).

"죄를 범하는 자마다 죄의 종이라"(요 8:34).

죄는 단순한 실수가 아닙니다. 죄는 영적인 문을 열어 사탄이 들어오도록 허용하는 것입니다. 그래서 죄를 방치하면 점점 더 묶이고, 더 깊은 사망으로 끌려갑니다.

● 죄의 묶임을 끊는 길

묶임에서 벗어나는 첫걸음은 회개입니다. 먼저 자신의 죄를 인정해야 합니다(요일 1:9 참조). 자백하여 그리스도의 보혈로 용서받고, 다시는 그 죄에 붙잡히지 않도록 삶의 방향을 바꾸어야 합니다(행 3:19 참조).

예수님은 이렇게 말씀하셨습니다.

"아들이 너희를 자유롭게 하면 너희가 참으로 자유로우리라"(요 8:36).

"네가 땅에서 무엇이든지 풀면 하늘에서도 풀리리라"(마 16:19).
회개와 용서 선포는 하늘과 연결된 영적 권세입니다.

● 성령으로 사탄을 묶는 것

예수 그리스도의 이름으로 악한 영과 그 영향력을 제한할 수 있습니다.

"내 이름으로 귀신을 쫓아내며…"(막 16:17).

두려움, 음란, 중독, 관계 파괴를 일으키는 어둠의 영을 예수님의 이름으로 묶습니다. 하지만 이것만으로는 근본적인 해결이 되지 않습니다. 죄의 뿌리인 탐심, 교만, 상처를 회개하지 않으면 사탄은 다시 역사할 틈을 찾습니다(마 12:43-45 참조).

습관적인 죄로 결박된 경우, 일시적으로 묶을 수 있지만 시간이 지나면 다시 나타납니다. 진정한 자유는 회개를 통해 죄의 뿌리를 제거하고, 성령 안에서 열매를 맺는 삶에서 옵니다.

● 성령으로 푸는 것

성령 안에서 사탄의 결박을 푸는 것은 해방, 자유, 회복을 선포하는 것입니다. 억눌린 자, 병든 자, 죄책감에 묶인 자에게 예수님의 이름으로 자유와 은혜를 흘려보냅니다.

예) "예수님의 이름으로 이 가정에 평강과 화해가 임하게 하소서."

"예수님의 이름으로 이 영혼의 수치심이 풀리고, 회복이 임하게 하소서."

이때 중요한 것은 하나님의 뜻에 맞게 선포하는 것입니다. 말씀을 붙들고 회개와 축복을 선포할 때 하늘의 권세가 연결됩니다. 회개와 용서, 축복의 선포를 통해 하나님 나라의 실제가 나타납니다.

"진실로 너희에게 이르노니 무엇이든지 너희가 땅에서 매면 하늘에서도 매일 것이요 무엇이든지 땅에서 풀면 하늘에서도 풀리리라. 진실로 다시 너희에게 이르노니 너희 중의 두 사람이 땅에서 합심하여 무엇이든지 구하면 하늘에 계신 내 아버지께서 그들을 위하여 이루게 하시리라"(마 18:18-20).

● 회개 적용기도

"주 예수님,
제 삶의 모든 죄와 사탄의 틈을 회개합니다.
제가 OO의 죄를 범함으로 두려움과 정죄감,
사탄의 권세 아래 눌려 살았습니다.
그러나 예수님의 보혈로 회개하오니,
이 결박에서 자유케 하소서.
주님,
제 죄를 사하시고 저를 자유롭게 하옵소서.
제 삶에 하나님의 평강과 자유,
치유와 회복을 부어주소서.
'예수 그리스도의 이름으로 명하노니 모든 죄와 사탄의 권세는 떠나가고, 오직 하나님의 은혜와 평안과 자유가 임할지어다.'
예수님의 이름으로 기도합니다. 아멘."

③ 적용 포인트

가. 매일의 영적 루틴(routine) 세우기

매일 말씀을 소리 내어 읽고, 기도와 찬양, 회개를 매일의 습관으로 삼으십시오. 꾸준히 반복되는 작은 순종이 영적 체질을 바꾸고, 죄의 결박을 끊는 능력이 됩니다.

나. 마음 깊은 곳의 죄 드러내기

사람 눈에 잘 안 보이지만 마음을 무겁게 하는 탐심, 음란, 게으름, 두려움 등의 죄를 십자가 앞에 내려놓으십시오. 성령님은 말씀과 기도를 통해 우리의 마음을 비추시고, 회개할 부분을 분명히 보여주십니다.

다. 믿음의 권세 사용하기

예수님께서 주신 믿음으로 묶고 푸는 권세를 적극적으로 사용하십시오. 사탄이 우리를 속이고 얽매려 할 때, 예수님의 이름으로 대적하고 자유를 선포할 때 권세가 제한되고, 영적 영역에서 실제 변화가 일어납니다.

예를 들면, "예수님의 이름으로 탐욕을 결박하노니 소멸될지어다."

라. 자족과 감사의 삶 살기

세상의 유혹과 욕망은 끊임없이 우리의 마음을 흔듭니다. 그러나 자족과 감사의 태도를 지킬 때, 마음은 세상에 빼앗기지 않고 하나님께 고정됩니다. 작은 일에도 감사하고 주어진 자리에서 만족할 때, 탐심이 끊어지고 참된 자유와 평안이 임합니다.

5. 죄와 결박된 종류들 찾아내기

주님은 에베소 교회 사자에게 "어디서 떨어진 것을 생각하고 회개하여 처음 사랑을 회복하라"(계 2:5)고 말씀하셨습니다. 우리가 죄를 지을 때는 겉으로 드러난 나쁜 열매보다, 그 죄를 짓게 만든 내면의 동기와 뿌리를 찾아야 합니다. 그리고 그것을 깨닫고 애통하며 끊어 달라는 간절한 회개 기도가 있어야 합니다.

(1) 죄와 결박의 원인

모든 죄의 뿌리는 하나님을 떠난 자아와 불신앙입니다. 말씀을 거역하거나 자기중심적 욕망을 좇을 때 죄가 싹트고 그것이 결국 결박이 됩니다. 예수님도 "죄를 범하는 자마다 죄의 종이라"(요 8:34)고 말씀하셨습니다.

(2) 대표적인 죄와 결박의 영역

① 생각의 영역

우리의 마음과 삶을 무너뜨리는 많은 죄는 먼저 생각의 영역에서 시작됩니다. 눈에 보이지 않지만, 마음에 잘못된 생각이 뿌리내리면 결국 말과 행동으로 나타나게 됩니다. 그러므로 성령 안에서 우리의 생각을 점검하는 것이 중요합니다.

- 불신앙은 하나님 말씀보다 상황을 더 크게 보고, "과연 될까?" 하고 의심하는 태도입니다. 예를 들어, 하나님이 도우신다고 약속하셨는데도 계속 불안해하는 것이 불신앙입니다.
- 교만은 모든 일을 내 힘으로 했다고 여기며, 하나님이나 다른 사람의 도움을 인정하지 않는 마음입니다.
- 거짓은 불리하지 않으려고 사실을 숨기거나 꾸며내는 것으로, 결국 진리이신 하나님을 대적하는 행위가 됩니다.
- 불평과 원망은 감사 대신 상황과 사람을 탓하는 마음에서 나옵니다. 작은 어려움에도 "왜 나만 힘드냐?" 하고 불평하는 태도입니다.
- 시기는 다른 사람이 잘 되는 것을 볼 때 마음이 불편해지는 것이고,
- 미움은 상대방을 용서하지 못해 마음속에서 계속 부정적인 감정

을 떠올리는 것입니다.

- 정죄는 다른 사람의 잘못만 크게 보며 쉽게 비난하는 태도를 말합니다.

이처럼 생각의 영역에서 일어나는 불신앙, 교만, 거짓, 불평, 시기, 미움, 정죄는 모두 우리 영혼을 어둡게 하고 죄의 결박을 강화시킵니다. 따라서 날마다 말씀을 선포함으로 생각을 새롭게 하고, 성령의 도우심을 구하여 우리의 마음과 생각을 그리스도께 복종시켜야 합니다.

"너희는 이 세대를 본받지 말고 오직 마음을 새롭게 하므로 변화를 받아 하나님의 선하시고 기뻐하시고 온전하신 뜻이 무엇인지 분별하도록 하라(롬 12:2)."

"하나님 아는 것을 대적하여 높아진 것을 다 무너뜨리고 모든 생각을 사로잡아 그리스도에게 복종하게 하니(고후 10:5)."

② **감정의 영역**

죄와 결박은 우리의 감정의 영역에서도 강하게 역사합니다. 감정은 하나님이 주신 귀한 선물이지만, 죄와 어둠에 사로잡히면 쉽게 왜곡되어 우리를 묶어 두게 됩니다. 그러므로 감정을 성령의 다스림 아래 두는 것이 필요합니다.

- 두려움은 미래나 문제 앞에서 하나님보다 두려움이 더 크게 자리 잡는 것입니다. 예를 들어 일이 잘 안될까 봐 밤새 걱정하며 불안해하는 모습입니다.

- 분노는 감정을 절제하지 못하고 쉽게 화를 내거나, 속으로 분노를 쌓아두는 것입니다. 이는 결국 관계를 파괴하고 영을 쇠약하게 합니다.

- 우울과 절망은 소망을 잃어버리고 모든 것이 끝난 것처럼 느끼는 상태입니다. 하나님의 약속을 바라보지 못할 때 쉽게 빠집니다.

- 상처는 과거의 말과 행동에 묶여 여전히 자유롭지 못한 상태를 말합니다. 시간이 흘러도 기억 속에 남아 현재의 삶을 지배하는 경우가 많습니다.

- 열등감은 자기 가치를 하나님 안에서 보지 못하고, 늘 다른 사람과 비교하며 자신을 낮게 여기는 마음입니다.

- 음란의 욕망은 눈과 생각을 지키지 못해 순결을 잃고, 육체적 욕

망에 쉽게 흔들리는 것입니다.

이처럼 두려움, 분노, 절망, 상처, 열등감, 음란은 모두 감정의 영역에서 드러나는 죄와 결박입니다. 그러나 성령께서 우리의 마음을 새롭게 하실 때 감정은 더 이상 우리를 묶는 도구가 아니라, 하나님을 예배하고 사랑하는 통로가 됩니다. 그러므로 날마다 감정을 말씀 앞에 내려놓고, 하나님의 사랑과 은혜로 다스림 받아야 합니다.

③ 의지의 영역

죄와 결박은 우리의 의지의 영역에서도 나타납니다. 하나님께 순종해야 할 의지가 약해지면, 우리는 쉽게 세상의 유혹에 끌려가고 영적으로 무기력해집니다. 의지는 하나님을 사랑하기로, 말씀에 순종하기로, 죄를 끊기로 선택하는 자리이기 때문에 늘 점검해야 합니다.

- 중독은 술, 도박, 게임, 인터넷, 음란, 스마트폰 등 어떤 것이든 스스로 통제하지 못하고 끌려다니는 상태를 말합니다. 이는 결국 삶과 신앙을 지배하는 우상이 됩니다.
- 습관적 거짓과 위선은 거짓말이 생활이 되고, 신앙생활조차 겉으로만 흉내 내는 모습입니다. 이는 진리를 따르는 의지를 잃어버린 상태입니다.

- 이웃 비방은 다른 사람을 헐뜯거나 뒷말을 하는 것으로, 공동체를 무너뜨리고 사랑의 계명을 어기는 행위입니다.
- 게으름은 해야 할 일을 미루고 책임을 회피하여, 결국 영적 성장과 성숙을 방해합니다. 이는 작은 타협 같아 보여도 영혼을 크게 약화시킵니다.
- 자기중심은 내 욕심, 내 감정, 내 만족이 기준이 되어 하나님의 뜻보다 우선되는 태도입니다. 애정이나 욕망에 집착하여 하나님의 음성을 무시하고 내 선택을 고집할 때 나타납니다.

의지의 영역에서 드러나는 이러한 죄들은 결국 "내가 주인 되려는 마음"에서 비롯됩니다. 그러나 성령께 순종할 때, 우리의 의지는 새롭게 되고 하나님 뜻에 맞게 사용됩니다. 날마다 십자가 앞에서 자기 의지를 내려놓고 "주님, 제 의지를 주께 맡깁니다"라고 고백할 때, 하나님은 우리의 연약한 의지를 붙들어 주시고 승리의 길로 이끌어 주십니다.

④ 영의 영역

죄와 결박은 우리의 내면의 영역에서도 역사합니다. 영은 내면의 혼과 마음의 영향을 받습니다. 하나님과 직접 교제하는 가장 깊은 자리인 영과 마음이 무너지면 신앙 전체가 흔들리게 됩니다. 그러므로 영과 내면을 지키고 성령의 다스림을 받는 것이 무엇보다 중요합니다.

- 우상숭배는 하나님보다 돈, 성공, 사람, 자식, 쾌락을 더 의지하는 것입니다. 마음의 중심을 하나님이 아닌 다른 것에 두는 순간, 그것이 곧 우상이 됩니다.

- 미신과 점술은 하나님이 아닌 다른 통로에서 답을 얻으려는 행위로, 영적으로는 사탄에게 문을 여는 것입니다. 사탄은 이런 통로를 이용해 거짓 은사와 기적을 흉내 내어 사람을 미혹합니다(고후 11:14, 살후 2:9-12 참조).

- 거짓 교훈은 성경에서 벗어난 가르침에 쉽게 흔들리는 것입니다. 예를 들어 물질적 축복만 강조하거나, 자기 욕망을 정당화하는 가르침에 미혹되는 것입니다.

- 말씀 거부는 하나님의 말씀이 불편하게 느껴져 듣기를 싫어하거나 외면하는 태도입니다. 이는 결국 마음을 굳게 하여 성령의 음성에 둔감하게 만듭니다.

- 기도 방해는 기도하려 할 때 집중이 되지 않고, 게으름이나 잡생

각, 피곤함에 사로잡혀 기도를 놓치는 상태입니다. 이는 영적 전쟁 속에서 가장 흔히 나타나는 공격 중 하나입니다.

영의 영역에서 일어나는 이러한 죄와 방해는 신앙의 뿌리를 흔드는 치명적인 문제입니다. 그러나 성령 안에서 회개하고 다시 말씀과 기도로 나아갈 때, 무너졌던 영이 회복되고 하나님과의 친밀한 교제가 회복됩니다. 결국 영과 마음이 살아나야 생각·감정·의지의 모든 영역도 새롭게 변화될 수 있습니다.

(3) **죄와 결박을 찾아내는 방법**

우리 안에 숨어 있는 죄와 내면의 결박은 스스로의 힘으로는 잘 보이지 않을 때가 많습니다. 그러나 하나님은 여러 가지 통로를 통해 그것을 드러내 주십니다.

① **말씀의 비춤** (히 4:12)

말씀을 소리 내어 읽고 선포할 때 성령께서 우리의 마음을 비추십니다. 성경을 읽다가 갑자기 어떤 구절이 마음에 깊이 찔리거나, 특정 단어가 크게 다가온다면, 그것은 성령님께서 죄를 드러내시는 순간입니다.

② 양심의 가책과 찔림

마음속에서 "이건 내가 잘못했구나" 하는 불편함, 즉 양심의 가책이 느껴질 때가 있습니다. 이런 가책은 단순한 죄책감이 아니라, 숨겨진 죄가 드러나고 있다는 성령의 신호입니다. 양심의 가책은 우리를 하나님께로 돌아오게 하고, 회개와 변화의 길로 인도하는 중요한 나침반 역할을 합니다.

양심의 가책을 무시하거나 억누르면, 마음속에 죄의 그림자가 점점 커지고, 결국 반복되는 죄의 패턴으로 나타날 수 있습니다. 반대로, 양심의 가책을 하나님의 말씀과 성령의 빛으로 직면할 때, 우리는 죄를 깨닫고 회개하며 치유와 자유를 경험할 수 있습니다. 이처럼 양심의 가책은 단순한 불편함이 아니라, 변화와 성숙을 향한 초대장입니다.

③ 반복되는 패턴

양심의 가책을 경험하면서도 같은 죄로 자주 넘어지고 반복적으로 무너진다면, 그것은 사탄이 붙잡고 있는 결박의 영역일 수 있습니다. 즉, 우리의 삶 속에서 습관처럼 나타나는 반복적 죄의 패턴을 발견하는 것이 중요합니다.

> 자가 진단 체크를 통해 반복되는 패턴을 점검해 보십시오.

● 내가 자주 넘어지는 죄는 무엇인가?

교만, 음란, 분노, 거짓말, 시기, 탐심, 불평, 비교, 게으름, 식탐, 중독 등.

● 어떤 상황에서 반복되는가?

스트레스를 받을 때,

사람에게 상처받거나 인정받지 못할 때,

혼자 있을 때,

피곤할 때.

● 넘어진 후 내 마음 상태는?

죄책감, 정죄감, 수치심, 포기감 (나는 안 변해), 숨고 싶은 마음, 하나님 앞에서 도망치고 싶은 마음 등.

● 이 패턴이 내 삶에 미치는 영향은?

관계가 깨지고, 평안이 사라지며, 하나님과의 친밀감이 멀어짐.

● 말씀의 빛으로 이 패턴을 직면했는가?

이 부분을 회개하고 예수의 보혈로 덮기, 예수의 이름으로 사탄의 묶임을 끊기, 성령의 도움을 구하고, 새로운 습관과 말씀으로 채우기 등.

> 양심의 가책을 통해 죄를 깨닫고 직면하는 순간, 우리는 반복되는 패턴을 발견할 수 있습니다. 즉, 양심의 가책 → 패턴 인식 → 회개와 변화로 자연스럽게 이어지는 과정입니다.

④ 열매로 확인(갈 5:19-23)

성령의 열매인 사랑, 희락, 화평, 오래 참음, 자비 양선, 충성, 온유, 절제가 사라진 자리는 죄로 어둠의 영에 결박된 것입니다. 또한 다른 사람의 말이나 행동을 통해 내 안에서 불편함, 분노, 시기, 정죄가 올라온다면, 그것은 내 속에도 동일한 죄의 결박이 있음을 보여주는 거울과 같습니다.

(4) 회개의 실제

기도 제목을 정하고, 작정 기도와 함께 성경 읽기 분량을 정하여 소리 내어 읽고 찬양하십시오. 구체적으로 죄를 자백하며 예수 그리스도의 보혈로 씻고, 결박이 풀리도록 믿음으로 선포하십시오.

기도 제목을 정하고, 작정 기도와 함께 성경 읽기 분량을 정하여 소리 내어 읽고 찬양하십시오. 기도할 때는 구체적으로 자신의 죄를 자백하며, 예수 그리스도의 보혈로 씻어 달라고 기도하고, 예수 이름으로 결박이 풀리도록 믿음으로 선포하십시오.

성경을 처음 읽거나 소리 내어 읽는 것이 어려운 분들은 작은 분량부터 시작하시면 됩니다. 예를 들어, 시편 30편, 구약 3장, 신약 3장부터 시작하여 점차 분량을 늘려가십시오. 평소에 성경을 잘 읽는 분들은 더 많은 분량을 정하여 읽으면 회개의 깊이가 더해집니다.

적은 양의 물로는 목욕을 할 수 없듯이, 회개 초기에는 묵은 때를 벗겨내는 것과 같아서 많은 양의 생수가 필요합니다. 따라서 처음에는 조금씩이라도 충분히 성경을 읽고, 작정 기도 기간에는 분량을 점차 늘리거나, 하루에 나누어 읽는 방법도 좋습니다.

특히 시편은 반드시 자신의 기도로 고백하고, 구약과 신약은 균형 있게 읽되, 작정 회개기도 기간에는 구약은 선지서 위주로, 신약은 복음서부터 차례로 읽으시는 것이 좋습니다. 평일에는 창세기와 복음서를 정한 분량만큼 순서대로 읽어 나가십시오. 말씀을 소리 내어 읽는 것은 영의 양식을 먹는 것입니다.

모든 결박은 단순한 습관이 아니라 어둠의 영의 영향이므로, 탐심을 버리는 믿음의 결단이 필요합니다. 또한 스스로 발견하기 어려운 죄는 믿음의 공동체 속에서 말씀과 권면을 통해 드러나기도 합니다(약 5:16). 결박은 어떤 경우에는 한 번에 끊어지지만, 때로는 광야 훈련처럼 자기부인과 순종을 반복하는 과정을 통해 성령의 은혜로 완전한 자유에 이르게 됩니다(눅 9:23).

(5) 권면과 결론

모든 죄의 결박은 생각, 감정, 의지, 그리고 영적 영역에서 나타납니다. 말씀을 소리 내어 읽고 선포할 때 성령께서 죄를 드러내시며, 회개의 은혜로 자유롭게 하십니다.

회개는 선택이 아니라 반드시 걸어가야 할 믿음의 길입니다. 하나님은 사랑의 아버지이시지만 동시에 공의의 하나님이시며, 죄는 반드시 심판을 받습니다(전 12:14, 시 62:12 참조). 그러나 우리가 죄를 자백하고 회개하면 예수 그리스도의 보혈이 깨끗하게 씻어주시고, 자유와 평안을 누리게 됩니다.

그러므로 말씀을 소리 내어 회개할 때 마귀의 공격을 받거나 죄에 넘어지더라도 중단하지 말고, 꾸준히 성령님을 의지하여 나아가십시오. 반드시 아름다운 열매가 맺히게 될 것입니다.

3부
회개로 맺는 열매

1. 회개할 때 나타나는 은혜의 체험

저는 회개할 때마다 다양한 은혜의 체험을 했습니다. 예수님의 말씀은 빛입니다. 그 빛이 제 마음 깊은 곳을 비출 때 숨어 있던 어둠의 영이 드러나 역사하기 시작했습니다. 전에는 평안하던 마음이 불편해지고, 멀쩡하던 몸에 이상한 증상들이 나타나기도 했습니다. 가까운 사람들과 갈등이 생기거나, 환경과 물질적인 어려움이 찾아오기도 했습니다.

처음 성경을 소리 내어 읽기 시작했을 때, 이상하게도 매일 밤마다 두통이 찾아왔습니다. 그 고통이 무려 1년이나 지속되었지만, 주님의 때가 되자 두통은 자연스럽게 사라졌습니다. 그 후에는 몇 년 동안 비염으로 고생했지만, 그것 또한 주님께서 거두어 가셨습니다. 수년을 명치가 막힌 듯한 증세로 어려움을 겪기도 했습니다. 입안 염증, 변비, 방광염까지 겹쳐 일상이 힘든 때도 많았지만 그 또한 하나님께서 감당할 수 있도록 조절해 주셨습니다.

그러던 중 8년 전, 본격적으로 말씀을 소리 내어 읽으며 구체적인 죄목을 가지고 회개하기 시작했습니다. 그때부터 내면의 죄가 육체의 질병으로 드러나기 시작했습니다. 며칠 동안 가슴 주변에 곰팡이 핀 듯한 피부병이 생겼다가 회개기도 후 사라졌고, 왼손가락 끝에 습진이 생겨 1년 동안 불편을 겪기도 했습니다.

왼쪽 귀 주변 통증은 1년 이상 지속되었는데, 어느 날 갑자기 귓속이 붓고 통증이 심해졌다가 며칠 후 깨끗이 치유되면서 귀 주변 통증도 신기하게 사라졌습니다. 비문증으로 눈앞에 검은 점이 떠다니고 시력이 약해져 운전할 때 시야가 흐려지기도 했습니다. 코로나에 걸려 입맛을 잃어 체중이 많이 빠지고 다리에 힘이 없어 자주 넘어지기도 했습니다. 대상포진으로 2주간 고생한 적도 있습니다.

부모에게서 내려온 고혈압 증상도 회개기도 후 정상 회복되었고, 멀쩡하던 치아가 갑자기 한 달 이상 음식을 씹기도 불편한 증세가 나타났다가 사라졌습니다. 손가락이 벌어지고 마비되는 일이 반복되었으며, 두피에 상처가 생기고 탈모가 진행되며 피부가 많이 건조해졌습니다. 이유 없이 허리와 발바닥이 아파 푹신한 신발을 신어야 했고, 몇 년 동안 목소리가 잘 나오지 않아 찬양할 때는 낮은 음으로 불렀습니다.

또 한때 왼쪽 무릎 관절 통증이 수시로 나타났고, 왼쪽 다리가 완전히 굽어지지 않아 왼쪽 발톱 깎을 때마다 어려웠는데, 그 증세도 몇 년이 지난 어느 날 사라졌습니다.

영 전이 현상으로 약 2년 동안 주 2~3회 정도는 깊은 잠을 자던 중 갑자기 다리가 뻣뻣해지고 말할 수 없는 통증이 느껴져 잠에서 깨어났습니다. 그때마다 예수님의 이름으로 대적하며 "예수 죽음 내 죽음, 예수 부활 내 부활"을 선포하면 즉시 멎는 체험을 했습니다. 이러한 경험은 신기하게도 특정 사건 이후 완전히 사라졌습니다.

이 외에도 머리부터 발끝까지 성한 곳이 없을 정도로 이상 증세가 나타났지만, 저는 이 모든 과정을 주님의 손길 안에 있다고 믿었고 병원에 거의 가지 않았습니다. 너무 힘들어 약을 먹을 때도 있었지만, 약을 먹으면 오히려 막힘 증세로 하루 종일 고생했고, 심지어 영양제조차 먹지 못했습니다.

그럼에도 하나님만 의뢰하며 이 시간을 지나니, 결국 주님께서 이렇게 다루신 데에는 특별한 뜻이 있음을 깨닫게 되었습니다. 모든 것을 주님 앞에 내려놓고 죄와 정욕에서 자유로움을 누리게 된 올해부터는 하나님께서 영양제를 허락하셔서 먹기 시작했는데, 이전처럼 막히는 증세가 없습니다.

　질병이 나타날 때마다 회개 기도로 주님께 올려드렸고, 대부분의 질병을 주님께서 치유해 주셨습니다. 어떤 질병은 잠깐 나타났다 금방 사라지기도 했습니다. 어떤 것은 오랫동안 지속되다가 회개하고 그에 합당한 열매 맺을 때 완전히 떠나갔습니다. 저는 크고 작은 내과, 외과의 질병으로 오랫동안 시달렸지만, 그 과정에서 죄로 가득 찬 제 자아 속에 숨어 있던 마귀가 말씀의 빛 앞에 드러나 질병으로 표출되었다는 사실을 깨달았습니다.

　이제는 많은 질병에서 자유로워졌고, 오히려 제 삶은 더 건강해졌습니다. 당시는 고난과 질병의 시간이 너무 힘들었지만, 지금 돌아보면 그 속에서 주님께서 저를 깨끗하게 하셨고, 예수님께 더 가까이 나아가게 하셨음을 고백합니다. 지금은 특별히 아픈 곳이 없고, 가끔 영혼들을 도울 때 영 전이로 몸에 안 좋은 현상이 잠시 나타났다 사라지는 것 외에는 주님의 은혜로 평안하게 지내고 있습니다.

　건강검진은 10년 전 기본적인 것 몇 가지만 받고 난 이후 한 번도 건강검진을 받은 적이 없습니다. 내일 일은 알 수 없지만, 어제까지 돌보아 주신 하나님께서 오늘도 내일도 책임져 주실 것을 믿으며 감사함으로 살고 있습니다.

 때로는 예상치 못한 현상이 몸에 나타날 때 두려움이 살짝 스쳐 가기도 하지만, 그때마다 주님은 말씀을 붙잡고 믿음으로 주님을 바라보게 하셨습니다. 그래서 저는 환경보다 말씀을 의지하며 성령님께 문제의 원인과 동기를 묻고, 드러난 죄를 회개하며 바로 내려놓습니다.
 누구든지 꾸준히 부르짖는 기도와 찬양, 그리고 말씀을 소리 내어 읽으며 회개의 은혜를 구하면 속사람이 깨어나고 영의 감각이 살아납니다. 성령 안에서 기도하고 찬양하며 말씀을 선포할 때마다 어둠의 독이 몸 밖으로 빠져나가는 것을 경험합니다.

 저는 사람들과 대화 중에도 종종 어둠의 전이 현상으로 어려움을 겪곤 합니다. 과거에는 이런 현상이 하루 종일, 혹은 며칠씩 지속되기도 했습니다. 그러다 보니 거의 집에만 틀어박혀 성경만 읽으며 지냈습니다. 당시에는 어둠의 영을 대적할 능력도 믿음도 부족했습니다. 마귀가 공격하면 무방비 상태로 당했고, 고통에서 벗어나기 위해 성경을 소리 내어 읽었습니다. 그러면 마치 독이 빠져나가듯 마음이 가벼워지고 정상으로 회복되었습니다. 그러나 이런 과정이 20년 넘게 반복되면서 진리의 자유를 누리지 못한 채 마귀의 공격에 시달리는 악순환 속에 살았습니다.

그런데 하나님의 은혜로 제 마음속에 뿌리내린 모든 탐심을 파버리는 회개를 한 이후로 고통스러운 영전이 현상에서 많은 자유를 얻었습니다. 예전보다 영이 더 예민하고 영 전이를 많이 받지만, 감사하게도 성령님께서 바람이 스쳐 지나가듯 빠르게 처리해 주시는 것을 경험합니다. 이제야 비로소 살 것 같습니다.

성경을 소리 내어 읽기 시작한 지 30년이 지난 지금까지도, 저는 말씀을 읽거나 발성 기도와 찬양을 할 때 매일 거품 같은 침이나 가래를 뱉어내는 경험을 하고 있습니다. 그 외에도 재채기, 하품, 기침, 트림, 딸꾹질, 방귀, 대소변, 설사, 콧물, 전율, 눈물 등 다양한 방식으로 어둠이 빠져나가는 것을 체험해 왔습니다.

이런 현상은 저뿐 아니라 발성 기도하는 많은 사람들에게 공통적으로 나타나는 부분입니다. 물론 이런 경험이 없는 분들은 이런 이야기를 들으면 낯설고 거부감이 들 수도 있을 것입니다. 하지만 실제로 영의 몸에 감각이 깨어난 사람들에게는 매우 흔히 나타나는 현상입니다.

예를 들어, 저는 갑자기 어떤 분의 영 전이를 받아 심한 두통이 올 때가 있습니다. 그럴 때는 바로 "날마다 저의 짐을 대신 지시는 주님께 이 짐을 올려드립니다"라고 믿음으로 선포합니다. 그리고 방언으로 영 찬양을 드립니다. 그렇게 몇 분이 지나면 갑자기 재채기가 두 번 나오고, 동시에 머리의 통증이 사라집니다. 저는 그 순간 어둠의 영이 재채기를 통해 빠져나갔음을 깨닫습니다. 이런 경험이 즐겁지만은 않지만, 한 가지 유익한 점은 매일 주님을 바라보고 의지할 수밖에 없다는 것입니다.

저는 영 전이 현상을 통해 중요한 사실을 깨달았습니다. 마귀는 들어올 때는 도둑같이 숨어 들어오지만, 떠날 때는 반드시 흔적을 남기고 나간다는 것입니다. 어둠이 쫓겨나갈 때 불편함이 있지만, 그 뒤에 오는 자유와 시원함 때문에 오히려 감사하게 됩니다.

무엇보다 감사한 것은, 말씀을 소리 내어 읽으며 회개할 때 영이 깨어나고 죽은 혼이 살아나는 은혜를 받은 것입니다. 영이 깨어나고 혼이 거듭날수록 육체도 변화되었습니다. 내 중심적인 삶에서 하나님 중심의 삶으로 바뀌었습니다.

치유와 변화의 열매를 경험하기 위해서는 죄성과 탐심을 회개하고, 내려놓는 회개는 지속적으로 필요합니다. 저는 회개 중에 나타나는 다양한 현상들을 처음엔 두려워했지만, 이제는 오히려 감사하게 됩니다. 왜냐하면 시편 30편 5절 말씀처럼, "그의 노염은 잠깐이요 그의 은총은 평생이로다. 저녁에는 울음이 기숙할지라도 아침에는 기쁨이 오리로다"라는 말씀이 제 삶에 그대로 이루어졌기 때문입니다.

하나님은 회개의 과정에서 잠깐의 눈물과 고통을 허락하시지만, 결국은 아침 같은 기쁨을 주십니다. 숨겨진 죄와 어둠이 드러나는 것은 나쁜 일이 아니라, 빛으로 나아가는 과정이며 하나님의 은혜의 손길입니다. 그러므로 회개 중에 일어나는 여러 현상을 두려워하지 마십시오. 드러내 주시는 은혜를 감사하고 기뻐하십시오. 거짓의 영은 말씀의 빛 앞에서 반드시 정체가 드러나며, 쫓겨나는 것은 시간문제입니다. 이것은 치유와 자유로 가는 과정입니다.

저는 확신합니다. 그리스도인들이 믿음을 가지고 꾸준히 회개한다면 죄 사함의 은혜와 성령의 풍성한 열매가 반드시 나타납니다. 그리고 그 과정에서 어떤 현상이 나타나도 두려워할 이유가 없습니다. 예수님께서 이미 십자가에서 모든 것을 이루셨기 때문에, 우리는 그 승리를 믿음으로 누리면 됩니다. 이 모든 과정을 통해 영광 받으실 주님께 감사와 찬양을 올려드립니다.

2. 회개의 은혜와 열매 맺은 저자 간증

저는 말씀을 소리 내어 읽는 방법으로 회개의 은혜를 체험했습니다. 2017년, 믿음으로 날짜를 정하고 시편 말씀을 제 기도로 삼아 읽기 시작했습니다. 말씀을 읊조리며 나아가자 속에서 침과 가래 같은 것이 끊임없이 올라왔습니다. 종이컵에 뱉어가며 읽었는데, 그것은 어둠의 영이 드러나는 현상이었고, 뱉어낼 때마다 마음과 육체가 시원해지는 것을 느꼈습니다.

그 후 저는 시편과 창세기, 출애굽기, 레위기, 그리고 마태복음, 마가복음, 누가복음, 요한복음을 하루 종일 읽었습니다. 식사 두 끼 시간을 제외하고 말씀만 붙들었으며, 새벽과 저녁에는 기도와 찬양으로 통회했습니다. 기간은 7일, 21일, 혹은 40일로 정했고, 타락한 정욕이나 죄성을 한 가지씩 붙잡고 솔직하게 토설하며 용서를 구했습니다. 어떤 날은 시편 절반과 구약과 사 복음서 각 7장을 읽었고, 어떤 날은 통으로 읊조리며 떠오르는 죄마다 회개했습니다.

사실 이전에도 15년 동안 매일 성경을 읽어왔습니다. 그러나 단순히 읽을 때와 회개를 결단하고 읽을 때는 전혀 달랐습니다. 무심히 읽을 때는 오히려 편안했지만, 회개를 결단하고 나아갈 때는 숨어 있던 어둠의 영들이 드러나 생각과 몸을 공격했습니다. 그러나 주님의 은혜로 두려워하지 않고 믿음으로 돌파할 수 있었습니다.

그 과정에서 저는 제 안에 가득한 '나의 의(義)'를 보게 되었습니다. 예수님을 믿고 중생한 이후에도 여전히 육신의 생각과 감정과 의지로 살았고, 마음의 중심에는 늘 '나'가 있었습니다. 하나님을 경험적으로 아는 것이 아니라 단지 지식으로만 알고 있었던 것입니다. 성령의 은사를 체험했지만 알곡이 채워지지 않은 껍데기 신앙이었음을 깨달았습니다. 오랜 세월 신앙생활을 했음에도 진리의 자유를 누리지 못한 채 죄의 종노릇을 하고 있었고, 그 원인은 자아와 옛사람의 소유를 버리지 못한 데 있었습니다. 성령의 감동에 순종할 때마다 자아가 무너졌고, 회개조차 하나님께서 은혜를 베푸실 때 가능하다는 사실도 알게 되었습니다.

저는 처음부터 영혼의 수준에 맞는 복음을 배우지 못했습니다. 복음을 머리로만 알았을 뿐, 레마로 경험하지 못했기 때문에 율법을 스스로 지켜보려 애쓰며 영적 감옥에 갇혀 있었습니다. 율법은 인간의 힘으로는 불가능하기에 하나님께서 성령님을 보내주셨지만, 저는 여전히 제힘으로 지키려 했습니다. 그로 인해 오랜 세월 사탄의 속박 가운데 고통받았지만, 그 고난을 통해 세상에 대한 집착이 사라지고 주님만 갈망하게 되었습니다.

만약 평탄하게 신앙생활을 했다면 영적 세계의 깊은 진리를 경험적으로 알지 못했을 것입니다. 그러나 넘어지고 일어서는 과정을 통해 하나님의 사랑과 은혜를 경험했고, 다윗처럼 "고난당하기 전에는 그릇 행하였더니 고난 후에 주의 율례를 배웠다"(시 119:67, 71)는 고백을 할 수 있었습니다.

말씀을 소리 내어 읊조릴 때 제 영은 맑아졌고, 매일 밤 꿈을 통해 영적 교훈을 얻었습니다. 어느 날, 작정 회개 기도를 하던 중 매우 선명한 꿈을 꾸었습니다. 제 앞에 저 혼자 들어갈 수 있는 크기의 원통 모양의 깊은 구멍이 있었고, 저는 오른손에 연장 같은 것을 들고 그 안으로 한 발 내디뎠습니다.

구멍 안에는 사람 몸통만큼 굵은 뱀이 차바퀴처럼 아래로 길게 이어져 있었습니다. 저는 계단을 내려가듯 한 발씩 밟고 내려가며 손에 든 연장으로 뱀을 계속 찍어 죽였습니다. 내려갈수록 숨이 차고 힘이 들었지만, 끝까지 포기하지 않고 뱀을 밟고 찍으며 깊이 내려갔습니다. 마침내 구멍의 바닥까지 내려가 마지막 뱀까지 다 죽이고, 저는 지상으로 다시 올라왔습니다. 그 꿈에서 깨어난 시간은 새벽 3시쯤이었고, 며칠 뒤 또다시 꿈에서 깬 순간 영의 귀로 "축하합니다."라는 찬양 소리가 들렸습니다. 그때 마음 깊은 곳에서 큰 감동이 밀려왔습니다.

저는 이 상징적인 꿈을 통해 주님께서 제 안에 깊이 뿌리내린 자아와 죄성의 실체를 보여주셨음을 깨달았습니다. 또한 그 과정을 통해 스스로 의롭다고 여기던 교만이 깨지고, 하나님 앞에서 얼마나 패역했는지 깊이 회개하게 되었습니다.

그 후로 한 달에 두 번씩 말씀 읽기를 작정하고 회개기도를 드렸습니다. 시편과 잠언, 전도서, 사복음서를 하루 종일 작은 소리로 읽으며 찬양과 기도로 통회했습니다. 말씀의 빛이 제 마음을 밝게 비추었고, 죄인의 실체가 드러나 통곡하게 되었습니다. 무엇보다 가족에게 상처 준 죄를 깊이 회개했습니다. 복음의 자유 대신 율법을 강요했던 죄, 사랑하지 못한 죄를 통해 저는 마귀가 멀리 있는 것이 아니라 제 안에 있음을 깨달았습니다. 결국 가족 앞에 무릎 꿇고 용서를 구했습니다.

주님께서는 일상 속에서도 제 죄를 보게 하셨습니다. 설거지, 청소, 빨래, 샤워조차 회개의 순간이 되었습니다. 말씀을 붙들고 통회

할 때마다 마귀는 괴롭히다가 떠나갔습니다. 그렇게 말씀을 소리 내어 읽는 가운데 하나님께서 제 마음을 비추셨고, 죄를 버리고 주님만 의지할수록 양심은 더욱 밝아지고 영적 분별력도 생겼습니다.

2019년, 하나님께서 40일 회개기도를 하라는 감동을 주셨습니다. 처음 일주일은 마음이 무너질 만큼 고통스러웠으나, 그 후 새 성경책을 받는 꿈을 꾸고 마음의 눈이 열렸습니다. 이전에는 어려웠던 욥기, 예레미야, 이사야 말씀들이 새롭게 깨달아졌고, 성령의 감동과 함께 눈물이 쏟아졌습니다. 그동안 성경을 많이 안다고 자만했지만, 그것은 껍데기 지식이었습니다. 그러나 성령께서 마음을 열어 먹여 주시는 레마 말씀은 살아 있는 검이 되어 제 안의 죄를 도려내었고, 그 말씀은 꿀같이 달았습니다.

영의 눈과 마음의 눈은 다릅니다. 영의 눈은 회개와 상관없이 열릴 수 있지만, 마음의 눈은 회개하고 자신을 주님께 온전히 드린 이들에게 주어지는 은혜입니다. 하나님께서는 마음의 눈을 한 번에 다 열어주시지 않고, 점점 더 밝히 비추십니다. 저 역시 자아의 소유를 버리는 회개를 하고 마음이 정결해진 그만큼 마음의 눈도 밝아졌습니다. 마음의 눈은 세상과 구별되며 죄를 끊고 순결할수록 더욱 선명해집니다(시 19:8 참조).

마음의 눈이 열리는 은혜를 체험한 이후 지금까지 말씀의 본질을 깨닫고 더욱 주님을 갈망하고 있습니다. 작정 기도로 회개의 은혜를 구하면서 성경 66권을 수없이 읽고 또 읽으며, 말씀의 본질을 살아 있는 진리로 믿고 반응하면서 성령님과 동행하고 있습니다.

2025년도 현재 저는 회개를 시작한 지 9년째입니다. 회개 전과 후의 제 마음과 삶은 완전히 달라졌습니다. 가치관뿐 아니라 생각, 말, 행동 모든 것이 변했습니다. 세상에 대한 욕심이나 미련은 사라지고 오직 예수님만 남았습니다. 주님께서 인도하시는 대로 모든 것을 맡기며 살아가고 있습니다. 처음 회개를 시작할 때는 모든 것을 끊고 골방에서 하루 종일 말씀을 읽으며 회개에 전념했습니다. 그렇게 하여 하나님이 싫어하시는 죄와 타락한 정욕에서 용서받고 자유로움을 얻었습니다.

지금은 매일 말씀으로 그날 묻은 먼지만 씻어내고, 한 달에 두세 번 정도는 7일을 정해 자아의 연약함이 드러나는 부분을 놓고 회개의 은혜를 구합니다. 1년에 두 번 정도는 21일간 성경 1독을 하며 회개하고, 평소에는 시편 30편과 구약 7장, 신약 7장을 부담 없이 읽으며 회개 생활을 이어가고 있습니다. 회개를 통해 양심이 밝아질수록 혼적 자아가 잘 보입니다.

지금은 다니엘의 예언대로 지식이 넘치고 신앙 서적도 차고 넘치지만, 경건의 능력은 부족하고 죄와 사탄의 미혹이 가득한 때입니다. 이 마지막 시대에 살아남는 길은 오직 말씀을 소리 내어 읽으며 회개의 은혜를 구하는 것뿐입니다. 성령께서 회개하게 하실 때 거룩한 삶이 나타나고 죄와 마귀는 멀어집니다.

저는 말씀을 소리 내어 읽고 회개의 은혜를 구하는 것이 영과 혼의 구원을 이루고 죄와 마귀로부터 해방되는 가장 확실한 길이라고 확신합니다. 말씀에 믿음으로 반응할 때 모든 욕심과 자아 중심적인 언행을 내려놓게 되었고, 그 순간 마귀는 떠났습니다. 소유욕은 마귀의 먹잇감이기 때문입니다. 소유욕을 버릴 때 주님의 성품이 제 안에 자리 잡으며 변화된 성령의 열매가 나타났습니다. 제가 말씀을 읽고 회개의 은혜를 구하는 목적은 단순히 문제 해결이나 질병 치유가 아니라 예수 그리스도의 형상으로 거듭나기 위함입니다.

물론 많은 문제와 질병은 죄와 연결된 경우가 많습니다. 바울처럼 하나님께서 십자가로 주신 고난을 제외하면 대부분은 죄의 결과입니다. 그래서 문제 하나하나를 놓고 회개할 때 문제의 해결뿐 아니라 성품의 변화 곧 성화가 뒤따릅니다.

저는 과거 율법적인 삶에 묶여 살며 죄와 많이 싸웠습니다. 그러나 싸우면 싸울수록 더 죄에 붙잡히고 절망에 빠졌습니다. 내 힘으로 끊으려 하면 잠시 이기는 듯 보이지만 결국 자기 의를 자랑하는 교만으로 끝났습니다. 그러나 회심 후 복음의 본질을 깨닫고 하나님을 신뢰하게 되자 죄와 싸우려는 애씀을 내려놓게 되었습니다. 있는 모습 그대로 주님께 아뢰고, 문제 속에서 주님의 메시지를 깨닫고 맡겼습니다. 나를 포기하자 죄는 멀어지고 생명의 열매가 나타났습니다.

마음의 눈이 열리면서 옛사람의 소유를 다 내려놓아야 예수님의 생명과 연합할 수 있다는 진리가 레마로 와 닿았고, 믿음으로 반응했습니다. 하나님께서 강제로 거두시기 전에 자원하여 내려놓는 것이 복임을 깨닫고, 말씀을 소리 내어 읽으며 하나씩 내려놓는 회개의 과정을 지속했습니다. 그 과정에서 마음은 낮아졌고 육체의 건강도 무너져 힘을 잃었습니다. 하나님께서는 저를 결혼 전에 수도자로 서원했던 자리로 다시 이끄셨고, 성생활조차 할 수 없는 몸으로 만드셨습니다. 그리고 이제 때가 되었으니 서원을 갚으라는 감동을 주셨습니다.

지난 25년의 결혼생활 동안 남편은 소식을 끊고 몇 달에 한 번씩 집을 나갔다 돌아오곤 했습니다. 저와 마음을 열고 진실한 대화를 나눈 적이 거의 없었습니다. 저는 이를 영적인 묶임이라고 이해했지만, 문제는 그가 언제 또 사라질지 모른다는 불안감 속에 남편을 신뢰할 수 없었습니다. 남편은 물질적인 도움도 주지 못했고, 오히려 제게 영적인 고통만 안겨주었습니다.

그럼에도 저는 주님 안에서 잘 살고 싶은 소망으로 인내하며 그 시간을 견뎠습니다. 나름대로 남편을 영적으로 돕고자 노력도 했습니다. 하지만 남편은 변화될 의지가 없었고, 잠깐 반짝하는 변화만 보였다가 다시 원상태로 돌아가기를 반복했습니다. 결국 저는 이러한 상태로 형식적인 부부관계를 유지하는 것은 더 이상 의미가 없다고 느꼈습니다. 자유를 잃은 채 속박당하는 묶임이라고 판단했습니다. 그래서 21일간의 작정 기도 끝에 주님의 응답을 받고 합의 이혼을 했습니다.

그 시기에 아들은 침신대를 졸업하고 주님의 참 제자로 살겠다고 서원하여 자신을 온전히 바쳤습니다. 현재 횃불트리니티 신대원에서 공부하며 전도사로 청소년 사역을 잘 감당하고 있습니다. 아들의 아버지를 통해 저로 하여금 오직 주님만 바라보게 하신 하나님의 섭리에 감사드립니다. 헤어진 이후, 주님께서 그분에 대한 모든 감정과 좋지 않은 기억들을 정리해 주셨습니다. 이제는 그분을 더 사랑으로 대하지 못했던 것이 미안할 뿐입니다. 그분도 하나님의 은혜로 회개하고 주님의 순결한 신부로 거듭나기를 소망합니다.

지금 저는 주님과만 함께하며, 영적 양식을 갈급한 영혼들에게 나누는 삶에 만족하고 있습니다. 이제는 세상의 그 어떤 것도 저를 만족시킬 수 없습니다. 오직 예수님만이 저의 신랑이요 전부이십니다.

예수님께서 누가복음 7장 47절에서 하신 말씀, "죄 사함을 많이 받은 자는 많이 사랑한다."는 진리를 저는 경험적으로 알게 되었습니다. 과거에는 입술과 겉 행위로만 주님을 사랑한다고 말했으나, 죄 덩어리인 자아를 내려놓고 십자가를 통과했을 때 참된 자유와 주님을 사랑하는 마음이 제 안에 채워졌습니다. 주님을 사랑하는 만큼 영혼의 참 만족이 주어지고, 세상과 사람으로부터 위로를 얻으려 하지 않게 되었습니다.

우리가 나를 내려놓고 예수님의 믿음으로 살아간다면 복음의 삶은 결코 어렵지 않습니다. 내가 사는 것이 아니라 성령님이 내 안에서 살아주시기 때문입니다. 그러나 회개하지 않고 주인을 바꾸지 않으면 이 은혜를 누릴 수 없습니다. 많은 이들이 회개는 했으나 십자가 복음을 올바로 이해하지 못해 여전히 율법에 묶여 있습니다.

십자가의 죽음은 추상적인 개념이 아니라 구체적 사건입니다. 옛 사람, 곧 자아를 포기하고 예수님의 생명으로 옮겨지는 일입니다. 그 증거는 평강과 자유입니다. 십자가를 통과해야 부활 생명의 열매가 맺힙니다. 우리의 모든 죄는 이미 예수님이 십자가에서 담당하셨습니다. 우리는 성령의 능력을 의지하여 "내 ○○죄는 예수님과 함께 못 박혔다."는 사실을 믿고 선포해야 합니다.

"그리스도 예수의 사람들은 육체와 함께 그 정욕과 탐심을 십자가에 못 박았느니라"(갈 5:24).

"그럴 수 없느니라. 죄에 대하여 죽은 우리가 어찌 그 가운데 더 살리요"(롬 6:2).

내 믿음이 아닌 예수님의 믿음으로 반응할 때 원수 마귀는 힘을 잃고 떠납니다. 지속적으로 믿음의 반응을 할 때 습관적인 죄가 끊어지고, 십자가의 죽음을 통해 성령의 열매가 나타납니다.

이 은혜를 누리는 첫걸음은 말씀을 소리 내어 읽으며 회개의 자리로 들어가는 것입니다. 성령께서는 회개할 때 예수님의 믿음을 부어 주시고, 속죄 은총에 대한 믿음과 순종을 주셔서 우리를 아들의 형상으로 회복시켜 주십니다. 할렐루야!

3. 회개 기도문 예시

회개의 기간은 성경에 기록된 대로 3일, 7일, 21일, 40일 등 일정 기간을 정해 집중적으로 드리면 좋습니다.

아래 순서를 참고하여 하루에 한 번, 가능하다면 아침과 저녁으로 반복하여 기도하십시오.

① 말씀 선포 - 말씀의 빛으로 영혼을 비추기

매일 정한 분량의 말씀을 소리 내어 읽으십시오.

> "하나님의 말씀은 살아 있고 활력이 있어 좌우에 날선 어떤 검보다도 예리하여 혼과 영과 및 관절과 골수를 찔러 쪼개기까지 하며 또 마음의 생각과 뜻을 판단하나니"(히 4:12).

● 기도

"주여,

이 말씀이 제 마음을 찌르고 영과 혼을 가르고,

혼적 생명을 죽여 주옵소서.

저의 숨은 죄와 육체의 정욕,

어둠의 영을 드러내어 수술하시고 정결케 하옵소서.

말씀의 빛이 제 삶 전체에 비추어지게 하시고,

그 빛 앞에서 모든 거짓과 속임수가 드러나게 하옵소서."

예수님의 이름으로 기도합니다. 아멘."

② 보혈 의지 - 십자가에서 이미 승리하신 주님 붙들기

이미 다 이루어 놓으신 보혈의 은총을 믿음으로 선포하십시오.

● 기도

"성령님,

예수님의 보혈로 저와 제 가족, 집과 물건, 음식, 자동차, 모든 영역을

덮어 주옵소서.

보혈로 제 모든 죄를 깨끗이 씻어 주시고,

사탄의 권세를 무력화시켜 주소서.

이 시간 ㅇㅇ죄를 주님의 십자가 앞에 내려놓습니다.

주님의 성품으로 제 안을 채우시고,

악한 습관이 끊어지게 하옵소서.

예수님의 이름으로 기도 합니다. 아멘"

③ 죄 인정과 고백 - 숨김없이 사실 그대로

하나님께 마음을 솔직히 열고, 작은 죄까지도 고백하십시오.

● 기도

"주님,

제가 [구체적인 상황]에서 거짓을 말한 죄를 고백합니다.

제 안의 교만, 이기심, 미움, 원망을 주님 앞에 모두 드러냅니다.

숨겨진 죄까지 말씀으로 비추어 주시고,

진정으로 뉘우치며 돌이키도록 도와 주옵소서.

예수님의 이름으로 기도 합니다. 아멘."

④ 감사와 찬양 - 회개의 자리에서 예배자로 서기

감사와 찬양으로 기도를 마무리하십시오. 마음 깊은 곳에서 나오는 소리로 발성 기도와 찬양을 드리십시오. 이때 방언을 하시는 분들은 방언과 우리말로 섞어 기도하며 성령의 감동에 따라 방언으로 영 찬양을 드려도 좋습니다.

"감사로 제사를 드리는 자가 나를 영화롭게 하나니 그의 행위를 옳게 하는 자에게 내가 하나님의 구원을 보이리라"(시 50:23).

● 기도

"주님,

저를 버리지 않으시고 회개의 기회를 주심에 감사드립니다. 주님의 은혜로 새로운 삶을 살도록 성령께서 제 걸음을 인도하실 줄 믿습니다.

범사에 감사하며 주님만 높이고 찬양하게 하옵소서.

예수님의 이름으로 기도 합니다. 아멘"

⑤ 돌이킴의 결단과 믿음의 반응 - 실천으로 이어지게

● 기도

"주님,

저는 스스로 죄를 이길 힘이 없습니다.

그러나 말씀과 성령의 능력으로 매일 승리하게 하옵소서.

다시는 같은 죄로 돌아가지 않도록 제 마음을 지키시고, 제 입술과 생각과 행실이 거룩하게 하옵소서.

오늘부터 새로운 길을 걷도록 주님께서 도우실 것을 믿습니다.

예수님의 이름으로 기도 합니다. 아멘."

< 회개기도 중 지켜야 할 사항, 이사야 58:6-11 참조 >

● 육신의 생각과 말 절제하기

작정 기도 중에는 가능한 한 미디어, 인터넷, 불필요한 전화 통화, 쇼핑 등을 절제하십시오. 형식적인 태도보다 말씀 안에서 진심으로 회개하는 마음을 드리십시오. 주님은 우리의 중심을 보십니다. 불가피한 상황에서는 사용할 수 있으나, 주님을 의지하여 절제하는 것이 중요합니다.

● 금식과 절식의 바른 태도

죄 사함을 얻기 위한 수단으로서가 아니라, 성령의 감동에 따라 자유롭게 하십시오. 특별히 작정 기도 중에는 폰 금식이 회개의 은혜를 받는데 큰 도움이 됩니다. 왜냐하면 눈으로 보고 귀로 듣는 것이 곧 영적으로 세상의 것들을 먹는 것이 되기 때문입니다. 세상의 영을 차단하고, 말씀의 생수로 영혼을 채울 때 회개의 은혜가 더욱 부어집니다.

● 십자가 복음 안에 거하기

옛사람이 이미 그리스도 안에서 죽었음을 믿고, 십자가의 복음을 삶 속에서 적용하십시오. 내주하시는 주님을 바라보고 의식하는 가운데 소유욕을 내려놓으십시오. 잠시 상실감으로 어려울 수 있으나 결국 주님께서 더 좋은 것으로 교체해 주심을 믿어야 합니다. 주님만을 갈망하십시오. 모든 상황에서 자기를 부인하고 자기 십자가를 지며, 말씀으로 인도하시는 성령님을 따라가십시오.

에필로그(회개에서 열매 맺는 삶으로)

이 책의 여정은 말씀 앞에서 깨어나고, 회개로 자유를 얻고, 믿음으로 나아가는 여정이었습니다. 말씀은 단순한 텍스트가 아니라 살아 있는 하나님의 음성이며, 우리 영혼을 살리고 변화시키는 능력입니다.

우리가 말씀을 소리 내어 읽고, 마음에 새기고, 삶으로 순종할 때, 성령께서 우리 안에 역사하셔서 묶인 것을 풀고, 무너진 것을 세우며, 메마른 땅에 생수를 흘려보내십니다.

우리는 완전하지 않기에 넘어지고 또 넘어질 수 있습니다. 그러나 중요한 것은 거기서 멈추지 않는 것입니다. 죄와 묶임을 반복할 때에도, 낙심하지 않고 주님께 나아가 회개하면 하나님은 매번 우리를 다시 일으키시고, 더 깊은 은혜와 자유로 인도하십니다.

예수님은 십자가에서 "다 이루었다."고 선포하시며, 우리의 죄와 사망, 사탄의 권세를 이기셨습니다. 이제 우리의 몫은 믿음으로 그 승리를 취하고, 묶임에서 풀려난 자답게 살아가는 것입니다. 묶임에서 풀려나 자유를 누리는 자만이 그 자유와 생명의 복음을 다른 사람들에게 흘려보낼 수 있습니다.

그러므로 오늘 이 순간, 믿음의 결단을 하십시오. 성령 안에서 내 삶의 모든 영역에서 하나님께 순종하기로, 반복되는 패턴에서 자유롭기를, 말씀을 붙잡고 믿음으로 돌파하기로, 내 입술로 축복과 생명을 선포하기로, 주님은 우리의 작고 연약한 결단도 기뻐 받으시고, 그 결단을 통해 하나님의 나라를 우리 삶에, 가정에, 교회에 나타내실 것입니다.

"너희가 진리를 알지니 진리가 너희를 자유롭게 하리라"(요 8:32).

"너희 안에서 착한 일을 시작하신 이가 그리스도 예수의 날까지 이루실 줄을 우리는 확신하노라"(빌 1:6).

이 책을 덮는 이 순간, 사랑하는 여러분 영혼에 회개의 은혜와 믿음의 담대함, 그리고 새로운 시작의 소망이 임하기를 축복합니다. 그리고 이제, 깨어난 영혼으로 주님과 동행하는 삶을 시작하십시오. 그 길은 좁고 협착하지만, 그 끝에는 생명과 영광의 면류관이 기다리고 있습니다.

결단 기도문

"주님,

지금 이 시간 제 마음을 주님께 드립니다.

제 안의 모든 죄와 묶임을 회개하오니,

보혈로 깨끗하게 하소서.

이제는 죄가 아니라 말씀을 따르며,

성령 안에서 참 자유를 누리게 해 주실 것을 믿고 감사드립니다.

제 삶을 통해 주님의 빛과 사랑이 흘러가게 하소서.

예수님의 이름으로 기도합니다. 아멘."

부록: 암송해야 할 말씀들

1. 회개와 용서하라는 말씀

(1). 마 3:2, 마 4:17 회개하라. 천국이 가까이 왔느니라.

(2). 마 3:8, 눅 3:8 회개에 합당한 열매를 맺고.

(3). 막 1:15 천국이 가까웠으니 회개하고 복음을 믿으라.

(4). 눅 5:32 내가 의인을 부르러 온 것이 아니요 죄인을 불러 회개시키러 왔노라.

(5). 눅 13:3 너희도 만일 회개하지 아니하면 다 이와 같이 망하리라.

(6). 눅 15:7 죄인 한 사람이 회개하면 하늘에서는 회개할 것 없는 의인 아흔 아홉으로 말미암아 기뻐하는 것보다 더하니라.

(7). 요일 1:8-9 만일 우리가 죄가 없다고 말하면 스스로 속이고 또 진리가 우리 속에 있지 아니할 것이요, 만일 우리가 우리 죄를 자백하면 그는 미쁘시고 의로우사 우리 죄를 사하시며 우리를 모든 불의에서 깨끗하게 하실 것이요.

(8). 행 3:19 그러므로 너희가 회개하고 돌이켜 너희 죄 없이 함을 받으라. 이같이 하면 새롭게 되는 날이 주 앞으로부터 이를 것이요.

(9). 행 2:38 베드로가 이르되 너희가 회개하여 각각 예수 그리스도의 이름으로 세례를 받고 죄 사함을 받으라. 그리하면 성령의 선물을 받으리니.

(10). 시 7:12 사람이 회개하지 아니하면 그가 그의 칼을 가심이여 그의 활을 이미 당기어 예비하셨도다.

(11). 계 2:4-5 그러나 너를 책망할 것이 있나니 너의 처음 사랑을 버렸느니라. 그러므로 어디서 떨어졌는지를 생각하고 회개하여 처음 행위를 가지라. 만일 그리하지 아니하고 회개하지 아니하면 내가 네게 가서 네 촛대를 그 자리에서 옮기리라.

(12). 계 2:16 그러므로 회개하라. 그리하지 아니하면 내가 네게 속히 가서 내 입의 검으로 그들과 싸우리라.

(13). 계 3:3 그러므로 네가 어떻게 받았으며 어떻게 들었는지 생각하고 지켜 회개하라. 만일 일깨지 아니하면 내가 도둑같이 이르리니 어느 때에 네게 이를는지 네가 알지 못하리라.

(14). 계 3:19 무릇 내가 사랑하는 자를 책망하여 징계하노니 그러므로 네가 열심을 내라. 회개하라.

(15). 롬 7:19-20 내가 원하는 바 선은 행하지 아니하고 도리어 원하지 아니하는 바 악을 행하도다. 만일 내가 원하지 아니하는 그것을 하면 이를 행하는 자는 내가 아니요 내 속에 거하는 죄니라.

2. 내 안에 주님의 임재 확신에 대한 말씀

(1). 요 1:12 영접하는 자 곧 그 이름을 믿는 자들에게는 하나님의 자녀가 되는 권세를 주셨으니.

(2). 계 3:20 볼지어다. 내가 문밖에 서서 두드리노니 누구든지 내 음성을 듣고 문을 열면 내가 그에게로 들어가 그로 더불어 먹고 그는 나로 더불어 먹으리라.

(3). 요 6:56 내 살을 먹고 내 피를 마시는 자는 내 안에 거하고 나도 그 안에 거하나니.

(4). 요 14:20 그날에는 내가 아버지 안에, 너희가 내 안에 내가 너희 안에 있는 것을 너희가 알리라.

(5). 요 15:4 내 안에 거하라 나도 너희 안에 거하리라.

(6). 요 15:5 나는 포도나무요 너희는 가지니 저가 내 안에, 내가 저 안에 있으면 이 사람은 과실을 많이 맺나니.

(7). 요 15:6 사람이 내 안에 거하지 아니하면 가지처럼 밖에 버리워 말라지나니 사람들이 이것을 모아다가 불에 던져 사르느니라.

(8). 요 15:7 너희가 내 안에 거하고 내 말이 너희 안에 거하면 무엇이든지 원하는 대로 구하라. 그리하면 이루리라.

(9). 요 17:21 아버지께서 내 안에 내가 아버지 안에 있는 것 같이 저희도 다 하나가 되어 우리 안에 있게 하사 세상으로 아버지께서 나를 보내신 것을 믿게 하옵소서.

(10). 요 17:23 내가 저희 안에, 아버지께서 내 안에 계셔 저희로 온전함을 이루어 하나가 되게 하려 함은 아버지께서 나를 보내신 것과 또 나를 사랑하심 같이 저희도 사랑하신 것을 세상으로 알게 하려 함이로소이다.

(11). 요 17:26 나를 사랑하신 사랑이 저희 안에 있고 나도 저희 안에 있게 하려 함이니이다.

(12). 롬 8:9 만일 너희 속에 하나님의 영이 거하시면 너희가 육신에 있지 아니하고 영에 있나니 누구든지 그리스도의 영이 없으면 그리스도의 사람이 아니니라.

(13). 롬 8:10 그리스도께서 너희 안에 계시면 몸은 죄로 인하여 죽은 것이나 영은 의를 인하여 산 것이니라.

(14). 고전 3:16 너희는 너희가 하나님의 성전인 것과 하나님의 성령이 너희 안에 계시는 것을 알지 못하느냐?

(15). 고전 6:19 너희 몸은 너희가 하나님께로부터 받은바 너희 가운데 계신 성령의 전인 줄을 알지 못하느냐? 너희는 너희의 것이 아니라.

(16). 고후 5:17 그런즉 누구든지 그리스도 안에 있으면 새로운 피조물이라. 이전 것은 지나갔으니 보라 새것이 되었도다.

(17). 고후 13:5 그리스도께서 너희 안에 계신 줄 너희가 스스로 알지 못하느냐? 그렇지 않으면 너희가 버리운 자니라.

(18). 요일 2:6 저 안에 거한다 하는 자는 그의 행하시는 대로 자기도 행할지니라.

(19). 요일 2:24 너희는 처음부터 들은 것을 너희 안에 거하게 하라. 처음부터 들은 것이 너희 안에 거하면 너희가 아들의 안과 아버지의 안에 거하리라.

(20). 요일 2:28 자녀들아 이제 그 안에 거하라. 이는 주께 나타내신바 되면 그의 강림하실 때에 우리로 담대함을 얻어 그 앞에서 부끄럽지 않게 하려 함이라.

(21). 요일 3:6 그 안에 거하는 자마다 범죄하지 아니하나니.

(22). 요일 3:24 그의 계명들을 지키는 자는 주 안에 거하고 주는 저 안에 거하시나니 우리에게 주신 성령으로 말미암아 그가 우리 안에 거하시는 줄을 우리가 아느니라.

(23). 요일 4:12-13 어느 때나 하나님을 본 사람이 없으되 만일 우리가 서로

사랑하면 하나님이 우리 안에 거하시고 그의 사랑이 우리 안에 온전히 이루어지느니라. 그의 성령을 우리에게 주심으로 우리가 그 안에 거하고 그가 우리 안에 거하시는 줄을 아느니라.

(24). 요일 4:15 누구든지 예수를 하나님의 아들이라 시인하면 하나님이 저 안에 거하시고 저도 하나님 안에 거하느니라.

(25). 요일 4:16 하나님은 사랑이시라 사랑 안에 거하는 자는 하나님 안에 거하고 하나님도 그 안에 거하시느니라.

(26). 엡 3:17 믿음으로 말미암아 그리스도께서 너희 마음에 계시게 하시옵고.

3. 내가 그리스도와 함께 십자가에 못 박혀 죽었다는 말씀

(1). 고전 15:31 형제들아 내가 그리스도 예수 우리 주 안에서 가진 바 너희에 대한 나의 자랑을 두고 단언하노니 나는 날마다 죽노라.

(2). 롬 6:8 만일 우리가 그리스도와 함께 죽었으면 또한 그와 함께 살 줄을 믿노니.

(3). 갈 2:20 내가 그리스도와 함께 십자가에 못 박혔나니 그런즉 이제는 내가 사는 것이 아니요 오직 내 안에 그리스도께서 사시는 것이라. 이제 내가 육체 가운데 사는 것은 나를 사랑하사 나를 위하여 자기 자신을 버리신 하나님의 아들을 믿는 믿음 안에서 사는 것이라.

(4). 갈 5:24 그리스도 예수의 사람들은 육체와 함께 그 정욕과 탐심을 십자가에 못 박았느니라.

(5). 딤후 2:11 우리가 주와 함께 죽었으면 또한 함께 살 것이요.

(6). 고후 5:14 한 사람이 모든 사람을 대신하여 죽었은즉 모든 사람이 죽

은 것이라.

(7). 롬 6:2-4 그럴 수 없느니라. 죄에 대하여 죽은 우리가 어찌 그 가운데 더 살리요? 무릇 그리스도 예수와 합하여 세례를 받은 우리는 그의 죽으심과 합하여 세례를 받은 줄을 알지 못하느냐? 그러므로 우리가 그의 죽으심과 합하여 세례를 받음으로 그와 함께 장사되었나니 이는 아버지의 영광으로 말미암아 그리스도를 죽은 자 가운데서 살리심과 같이 우리로 또한 새 생명 가운데서 행하게 하려 함이라.

(8). 롬 6:6 우리가 알거니와 우리의 옛사람이 예수와 함께 십자가에 못 박힌 것은 죄의 몸이 죽어 다시는 우리가 죄에게 종노릇 하지 아니하려 함이니.

(9). 롬 6:11 이와 같이 너희도 너희 자신을 죄에 대하여는 죽은 자요 그리스도 예수 안에서 하나님께 대하여는 살아 있는 자로 여길지어다.

(10). 골 3:3 이는 너희가 죽었고 너희 생명이 그리스도와 함께 하나님 안에 감추어졌음이라.

(11). 골 3:5 땅에 있는 지체를 죽이라. 곧 음란과 부정과 사욕과 악한 정욕과 탐심이니 탐심은 우상숭배니라.

(12). 마 16:24 이에 예수께서 제자들에게 이르시되 누구든지 나를 따라오려거든 자기를 부인하고 자기 십자가를 지고 나를 따를 것이니라(눅 9:23 참조).

4. 마귀를 대적하라는 말씀

(1). 마 10:8 병든 자를 고치며 죽은 자를 살리며 나병환자를 깨끗하게 하며 귀신을 쫓아내되 너희가 거저 받았으니 거저 주라.

(2). 마 12:28 그러나 내가 하나님의 성령을 힘입어 귀신을 쫓아내는 것이면 하나님의 나라가 이미 너희에게 임하였느니라.

(3). 마 16:23 예수께서 돌이키시며 베드로에게 이르시되 사탄아 내 뒤로 물러가라, 너는 나를 넘어지게 하는 자로다. 네가 하나님의 일을 생각지 아니하고 사람의 일을 생각하는도다.

(4). 막 16:17-18 믿는 자들에게는 이런 표적이 따르리니 곧 그들이 내 이름으로 귀신을 쫓아내며 새 방언을 말하며 뱀을 집어 올리며 독을 마실지라도 해를 받지 아니하며 병든 자에게 손을 얹은즉 나으리라 하시더라.

(5). 눅 9:1,2 (막 3:15, 9:17, 20) 예수께서 열두제자를 불러 모으사 모든 귀신을 제어하며 병을 고치는 능력과 권위를 주시고.

(6). 눅 10:17 칠십 인이 기뻐하며 돌아와 이르되 주여 주의 이름이면 귀신들도 우리에게 항복하더이다.

(7). 눅 10:19 내가 너희에게 뱀과 전갈을 밟으며 원수의 모든 능력을 제어할 권능을 주었으니 너희를 해칠 자가 결코 없으리라.

(8). 행 8:7 많은 사람에게 붙었던 더러운 귀신들이 크게 소리를 지르며 나가고 또 많은 중풍병자와 못 걷는 사람이 나으니.

(9). 행 10:38 하나님이 나사렛 예수에게 성령과 능력을 기름 붓듯 하셨으매 그가 두루 다니며 선한 일을 행하시고 마귀에게 눌린 모든 사람을 고치셨으니 이는 하나님이 함께 하셨음이라.

(10). 행 16:18 바울이 심히 괴로워하여 돌이켜 그 귀신에게 이르되 예수 그리스도의 이름으로 내가 네게 명하노니 그에게서 나오라 하니 귀신이 즉시 나오니라.

(11). 엡 6:10~18 끝으로 너희가 주 안에서와 그 힘의 능력으로 강건하여지고 마귀의 간계를 능히 대적하기 위하여 하나님의 전신갑주를 입으라. 우리의 씨름은 혈과 육을 상대하는 것이 아니요 통치자들과 권세들과 이 어둠의 세상 주관자들과 하늘에 있는 악의 영들을 상대함이라. 그러므로 하나님의 전신갑주를 취하라. 이는 악한 날에 너희가 능히 대적하고 모든 일을 행한 후에 서기 위함이라. 그런즉 서서 진리로 너의 허리띠를 띠고 의의 호심경을 붙이고 평안의 복음이 준비한 것으로 신을 신고 모든 것 위에 믿음의 방패를 가지고 이로써 능히 악한 자의 모든 불화살을 소멸하고 구원의 투구와 성령의 검 곧 하나님의 말씀을 가지라. 모든 기도와 간구를 하되 항상 성령 안에서 기도하고 이를 위하여 깨어 구하기를 항상 힘쓰며 여러 성도를 위하여 구하라.

(12). 골 2:15 통치자들과 권세들을 무력화하여 드러내어 구경거리로 삼으시고 십자가로 그들을 이기셨느니라.

(13). 요일 4:4 자녀들아 너희는 하나님께 속하였고 또 그들을 이기었나니 이는 너희 안에 계신 이가 세상에 있는 자보다 크심이라.

(14). 요일 3:8 죄를 짓는 자는 마귀에게 속하나니 마귀는 처음부터 범죄함이라. 하나님의 아들이 나타나신 것은 마귀의 일을 멸하려 하심이라.

(15). 약 4:7 그런즉 너희는 하나님께 복종할지어다. 마귀를 대적하라. 그리하면 너희를 피하리라,

(16). 삼상 16:23 하나님께서 부리시는 악령이 사울에게 이를 때에 다윗이 수금을 들고 와서 손으로 탄즉 사울이 상쾌하여 낫고 악령이 그에게서 떠나더라.

5. 치유와 건강에 대한 말씀

(1). 출 15:26 이르시되 너희가 너희 하나님 나 여호와의 말을 들어 순종하고 내가 보기에 의를 행하며 내 계명에 귀를 기울이며 내 모든 규례를 지키면 내가 애굽 사람에게 내린 모든 질병 중 하나도 너희에게 내리지 아니하리니 나는 너희를 치료하는 여호와임이라.

(2). 신 28:20-22 네가 악을 행하여 그를 잊으므로 네 손으로 하는 모든 일에 여호와께서 저주와 혼란과 책망을 내리사 망하며 속히 파멸하게 하실 것이며 여호와께서 네 몸에 염병이 들게 하사 네가 들어가 차지할 땅에서 마침내 너를 멸하실 것이며 여호와께서 폐병과 열병과 염증과 학질과 한재와 풍재와 썩는 재앙으로 너를 치시리니 이 재앙들이 너를 따라서 너를 진멸하게 할 것이라.

(3). 신 28:27-28 여호와께서 애굽의 종기와 치질과 괴혈병과 피부병으로 너를 치시리니 네가 치유 받지 못할 것이며 여호와께서 또 너를 미치는 것과 눈 머는 것과 정신병으로 치시리니.

(4). 신 28:35 여호와께서 네 무릎과 다리를 쳐서 고치지 못할 심한 종기를 생기게 하여 발바닥에서부터 정수리까지 이르게 하시리라.

(5). 신 28:59 여호와께서 네 재앙과 네 자손의 재앙을 극렬하게 하시리니 그 재앙이 크고 오래고 그 질병이 중하고 오랠 것이라.

(6). 시 103:2-3 내 영혼아 여호와를 송축하며 그의 모든 은택을 잊지 말지어다. 그가 네 모든 죄악을 사하시며 네 모든 병을 고치시며.

(7). 시 107:20 그가 그의 말씀을 보내어 그들을 고치시고 위험한 지경에서 건지시는도다.

(8). 잠 3:1-2 내 아들아 나의 법을 잊어버리지 말고 네 마음으로 나의 명령

을 지키라. 그리하면 그것이 네가 장수하여 많은 해를 누리게 하며 평강을 더하게 하리라.

(9). 잠 3:7-8 스스로 지혜롭게 여기지 말지어다. 여호와를 경외하며 악을 떠날지어다. 이것이 네 몸에 양약이 되어 네 골수를 윤택하게 하리라.

(10). 잠 4:20-22 내 아들아 내 말에 주의하며 내가 말하는 것에 네 귀를 기울이라. 그것을 네 눈에서 떠나게 하지 말며 네 마음속에 지키라. 그것은 얻는 자에게 생명이 되며 그의 온 육체의 건강이 됨이니라.

(11). 잠 17:22 마음의 즐거움은 양약이라도 심령의 근심은 뼈를 마르게 하느니라.

(12). 사 53:5 그가 찔림은 우리의 허물 때문이요 그가 상함은 우리의 죄악 때문이라 그가 징계를 받으므로 우리는 평화를 누리고 그가 채찍에 맞으므로 우리는 나음을 받았도다.

(13). 마 8:16-17 저물매 사람들이 귀신 들린 자를 많이 데리고 예수께 오거늘 예수께서 말씀으로 귀신들을 쫓아내시고 병든 자들을 다 고치시니 이는 선지자 이사야를 통하여 하신 말씀에 우리의 연약한 것을 친히 담당하시고 병을 짊어지셨도다 함을 이루려 하심이더라.

(14). 막 16:17-18 믿는 자들에게는 이런 표적이 따르리니 곧 그들이 내 이름으로 귀신을 쫓아내며 새 방언을 말하며 뱀을 집어올리며 무슨 독을 마실지라도 해를 받지 아니하며 병든 사람에게 손을 얹은즉 나으리라 하시더라.

(15). 약 5:14-15 너희 중에 병든 자가 있느냐? 그는 교회의 장로들을 청할 것이요 그들은 주의 이름으로 기름을 바르며 그를 위하여 기도할지니라. 믿음의 기도는 병든 자를 구원하리니 주께서 그를 일으키시리

라. 혹시 죄를 범하였을지라도 사하심을 받으리라.

(16). 벧전 2:24 친히 나무에 달려 그 몸으로 우리 죄를 담당하셨으니 이는 우리로 죄에 대하여 죽고 의에 대하여 살게 하려 하심이라 그가 채찍에 맞음으로 너희는 나음을 얻었나니.

(17). 요삼 1:2 사랑하는 자여 네 영혼이 잘됨같이 네가 범사에 잘되고 강건하기를 내가 간구하노라.

말씀과 함께 회개하는 실용적 가이드
말씀 소리, 회개를 폭발시키다

펴 낸 날	1판 1쇄 2025년 11월 10일
지 은 이	박예영
펴 낸 이	이환호
편집디자인	민상기
표지디자인	민다슬
펴 낸 곳	도서출판 예찬사
등 록	1979. 1. 16 제 2018-000103
주 소	경기도 고양시 덕양구 중앙로 557번길 8-9. 엠앤지프라자 407-2호
전 화	02-798-0147
팩 스	02-798-0145, 031-979-0145
블 러 그	blog.naver.com/yechansa
전자우편	octo0691@naver.com
ISBN	978-89-7439-534-6 03230

Copyright ⓒ 도서출판 예찬사 2025〈Printed in Korea〉

*저자와 협약하여 인지를 생략합니다.
좋은 책은 좋은 사람을 만듭니다.
예찬사는 기독교 출판 실천윤리강령을 준수합니다.